JN021955

レポート・論文を さらに よくする 「引用」ガイド

佐渡島紗織
オリベイラ,ディエゴ
嶼田大海
デルグレゴ,ニコラス

[著]

大修館書店

まえがき

　本書は、『レポート・論文をさらによくする「書き直し」ガイド―大学生・大学院生のための自己点検法29―』の続編として作成されました。「書き直し」ガイドの副題に示されているように、レポートや論文を書く大学生や大学院生たちが、「この本があれば、引用は大丈夫！」と、側に置いて参照しながら書けるようにとの願いがこめられています。引用に関する様々な話題を盛り込み、学生たちがレポートや論文を書く際に持つ疑問にできる限り答えるよう工夫をこらしました。

　本書が生まれた背景には、執筆者4名に共通する体験があります。4名は、みな大学ライティング・センター（ライティングを支援する機関）に関わってきました。レポートや論文を書いている学生たちと、一対一で話し合いながら文章をよりよくする方法を考えてきました。そうした支援のなか、学生からの相談で最も多いのが「引用」なのです。「参考文献を最低3本参照するようにという課題なのですが、参考文献の選び方に自信がなくて…。」「引用はしてみたのですが、このやり方で間違っていないでしょうか。」「剽窃に近い書き方をしている箇所があるから誰かに確認してもらうようにと、指導教員が仰って…。」などの相談がよくなされます。このような不安を解消できるようなガイドを作れないものかと、本書が発案されたのでした。

　情報を容易く入手できるインターネット社会となり、自分の力で考える学生を育成することが大きな課題です。キーワードを一つ二つ入れて検索をすれば、参照できる文献は数限りないほどに見つかります。それらを斜め読みし、あちらこちらから情報を拾ってつなぎ合わせていたのでは、物事を深くとらえ、考えを磨いていくことはできないでしょう。小・中・高等学校の学習においても、情報をどのように意見構築に活用するかという側面が強調されるようになっています。一つひとつの情報を意味づけし、自分の文章に組み込みながら意見を構築する過程に真摯に取り組む学生を

育成したいものです。

　その意味で、本書は、引用の形式的な側面よりも内容的な側面を重視して作りました。すなわち、「剽窃にならないようにするにはどのような点に注意すればよいか」を主眼にしたのではなく、「他者の考えや、資料に掲載されている情報をどのように組み込めば、自分の論をより精緻にして伝えることができるか」を主眼として記述を展開しました。

　大学や大学院で教える教員にとっても、本書がお役に立てれば幸いです。レポートや論文の指導や評価では、まずは内容が重要であり、書き方にまで細かい指導を行き届かせるのは困難です。引用箇所の選び方、その本論への組み込み方、参考文献リストの書き方まで、助言をして書き直させる手間は相当なものです。こうした点を学生が自ら点検し文章を仕上げることができれば、より内容に深く言及した指導が可能になることでしょう。

　一節ごとに典型的な例を示すことは、想像していたよりも難しい作業で、執筆には長い時間を要しました。大修館書店の尾崎祐介さんが、その経過を辛抱強く見守ってくださり励まし続けてくださったおかげで、ようやく完成させることができました。尾崎さんに厚く御礼申し上げます。

　また、文章例は、多くは執筆者4名が本書のために書きましたが、中には、早稲田大学ライティング・センターのスタッフ、大学生や大学院生の書いた文章をもとにさせてもらったものがあります。また、執筆者達の専門領域を超える内容の節においては、伊藤かの子さん、内村麻奈美さん、加藤健太さん、後藤大輔さん、坂本麻裕子さん、本村勇人さん（五十音順）に助言をいただきました。御協力くださったすべての方々に、この場を借りて厚く御礼申し上げます。

　2020年3月15日
　佐渡島紗織・オリベイラ, ディエゴ・嶋田大海・デルグレゴ, ニコラス

もくじ

まえがき ………………………………………………………… ii

この本の使い方 ………………………………………………… vi

第1章 # 引用する意義

1 学術的な文章における引用の意義 ………………………… 2

2 剽窃を疑われないようにするために ……………………… 7

3 引用する文献の選択 ………………………………………… 15

第2章 # 引用の方法…APA 書式で

1 同じ立場の主張を引用して自分の主張を強めたいとき ………… 20

2 他者を批判して自分の主張を補強したいとき ………………… 22

3 データを引用して自分の主張を補強したいとき ……………… 24

4 権威者の言を引用して自分の主張を補強したいとき ………… 26

5 自分が見せてきた事例を一般化したいとき ………………… 28

6 自分が示した主張に合う事例を見せたいとき ……………… 30

7 自分の主張の理論的背景を説明したいとき ………………… 32

8 話題を導入したいとき ………………………………………… 34

9 異なる視点を示したいとき …………………………………… 36

10 問題点の解決策を示したいとき …………………………… 38

11 概念の定義をしたいとき …………………………………… 40

12 ある現象を写真で証明したいとき ………………………… 42

13 これから分析する対象を見せたいとき …………………… 44

14 動きや音を引用で示したいとき …………………………… 46

15 文字化されていない音声記録を引用したいとき ・・・・・・・・・・・・・・ **48**

16 引用箇所を自分で翻訳したいとき ・・・・・・・・・・・・・・・・・・・・・・・・・・ **50**

17 複数の文献を紹介したいとき ・・・・・・・・・・・・・・・・・・・・・・・・・・・・・ **52**

18 全集に載っている手紙を引用したいとき ・・・・・・・・・・・・・・・・ **54**

19 孫引きしてはいけないとき ・・・・・・・・・・・・・・・・・・・・・・・・・・・・・・・ **56**

❖ APA 書式で書いたレポート例 ・・・・・・・・・・・・・・・・・・・・・・・・・・・・・ **58**

第3章 # 引用の方法…MLA・シカゴ・IEEE 書式で

なぜ書式が定められているのか ・・・・・・・・・・・・・・・・・・・・・・・・・・・・・ **62**

1 MLA 書式で、絵画を事例として主張を支えたいとき ・・・・・・・・・ **68**

2 MLA 書式で、同一作家による複数の作品を引用したいとき ・・・・・・ **70**

3 MLA 書式で、主張を補強する記述を電子書籍から引用したいとき
・・・・・・・・・・・・・・・・・・・・・ **72**

❖ MLA 書式で書いたレポート例 ・・・・・・・・・・・・・・・・・・・・・・・・・・・・・ **74**

4 シカゴ書式（脚注方式）で、小説の一節を塊で引用して分析したいとき
・・・・・・・・・・・・・・・・・・・・・ **76**

5 シカゴ書式（脚注方式）で、入手できない文献を引用したいとき
（孫引きする必要があるとき）・・・・・・・・・・・・・・・・・・・・・・・・・ **78**

❖ シカゴ書式で書いたレポート例 ・・・・・・・・・・・・・・・・・・・・・・・・・・・・・ **80**

6 IEEE 書式で、具体例を示す国際ガイドラインなどを引用したいとき
・・・・・・・・・・・・・・・・・・・・・ **82**

7 IEEE 書式で、図を引用したいとき ・・・・・・・・・・・・・・・・・・・・・・・ **84**

8 IEEE 書式で、数式を引用したいとき ・・・・・・・・・・・・・・・・・・・・・ **86**

❖ IEEE 書式で書いたレポート例 ・・・・・・・・・・・・・・・・・・・・・・・・・・・・・ **88**

❖ 本書に登場する参考文献で作った参考文献リスト ・・・・・・・・・・ **90**

この本の使い方

1．全体の構成

　本書は大きく分けて3つの章で構成されています。

　第1章ではまず引用する意義を学びます。「なぜ引用をするのか」、「どうすれば剽窃を疑われない文章が書けるのか」について理解を深めましょう。

　続く第2章は、本書の本体ともいえる章です。この章では、APA書式で書かれた文章を例に取り、「どのようなときに引用をするのか」について様々なパターンを学びます。引用は単に参考文献の記述を書き写すものではありません。必ず明確な目的を持って引用をしなければなりません。この章にはそうした引用の目的が各節ごとに19種類紹介されています。

　最後の第3章では、APA書式以外三つの書式、すなわちMLA書式、シカゴ書式（脚注方式）、IEEE書式に沿った引用の方法を学びます。異なる書式では、従うべき引用形式も、よく使われる参考文献の種類も異なります。この章で各書式の特徴をつかむことができます。

2．各節の構成

　引用なし　…各節のはじめには「引用なし」で書かれた文章が示されています。引用という観点から見たときに何らかの問題がある文章です。

　引用後　…「引用なし」の文章の後には、「引用後」の文章が続いています。「引用なし」の文章を改善した場合の一例が示されています。

　? **引用がないと何が問題？**…「引用なし」の文章における引用の問題点を指摘しています。

　! **引用して〜すると**…その節の引用方法を用いて「引用なし」の文章を書きなおした場合に、「引用後」の文章のどこが、どのように改善されているかを解説しています。

　✔ **〜するときの留意点**…多くの節で最後に設けられています。その節で紹介されている引用方法を用いる際に知っておきたい事柄が説明されています。

3．本書の活用方法

・引用方法で検索して活用する。

　レポートを書いていて「何か引用をしたいな」と思ったら、本書をパラパラとめくったり目次を頼りにしたりし、自分の論展開に合う引用方法を探しましょう。「引用なし」の文章を読んで自分なりに何が問題かを考えてみると学習効果が高まるでしょう。そして、「引用後」の文章を参考にしながら自分の文章で実際に引用を行なってみましょう。

APA書式

・書式で検索して活用する。

　上方のインデックスには、書式が示されています。APA 書式、MLA 書式、シカゴ書式（脚注方式）、IEEE 書式です。

・文献ジャンルで検索して活用する。

　レポートを書いていて「この文献はどうやって引用するんだっけ。」と思った場合、右ページのインデックスを使ってその種類の文献を使っている例文を探すことができます。例えば、論文を引用したいと思ったけれど、どのように出典を示したらよいかわからない、という場合にはインデックスに「論文」が付いているページを開けば論文を引用して書いた例文が見つかります。書式×文献ジャンルでも検索ができます。

| 本 論文 ウェブ ― 新聞 ― 辞書 ― 政府 ― デジタル ― その他 |

　ウェブ ……… ウェブサイト、ブログ

　政　府 ……… 政府刊行物

　デジタル ……… 写真、動画、電子書籍

　その他 ……… 絵画、手紙、歴史的文書など

4．レポート例

　本書では APA 書式、MLA 書式、シカゴ書式（脚注方式）、IEEE 書式の4つの書式が紹介されています。そして、各書式を用いた引用方法を紹介した後に、その書式に沿って書かれたレポート例が、見開きの資料として掲載されています。本文中には、様々な目的と形態の引用が含まれていま

す。本文と参考文献リストの関係も分かります。レポート全体で引用がどのように用いられるかを確認したい場合に参考にするとよいでしょう。

▲レポート例のページ

5．参考文献リスト

　4つの書式ごとに、本書で登場する参考文献を並べたリストが掲載されています。参考文献リストの書き方だけを知りたい場合は、この資料を参考にしてください。

▲参考文献リストのページ

第1章

引用する意義

1 学術的な文章における引用の意義

　本書を手にとった皆さんは、大学や大学院で、何らかの学術的な文章を書こうとしている人でしょう。中には、これから研究所など学術的な機関に勤めようとしている人がいるかもしれません。あるいは、ジャーナリズムやビジネスの世界で活躍しようとしている人もいるでしょう。いずれにせよ、「引用」は、様々な社会の領域で必要とされる技術です。第1章では、学術的な文章を書く上で引用がなぜ問題となるのかを考えましょう。

1 「学問をする」とは

　「学問をする」世界では、多くの場合、文章によってその成果を発表します。いわゆる、学術的な文章です。学術的な文章は、何のために書かれるのでしょうか。「新しい発見を発表する」ためです。「新しい発見を発表する」ために、学術的な文章は書かれるのです。

　では、「新しい発見をする」とはどうすることでしょうか。具体的に見てみましょう。下の図は、A子さんが論文で新しい発見を発表しようとしているところを図示したものです。

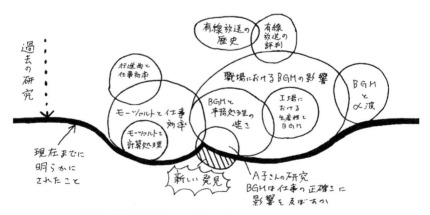

図1　学術的な文章とは、新しい発見を発表するために書かれた文章
（佐渡島・吉野、2008、p.190、図6）

　図を上から下に見ていくと、過去に行われた研究がそれぞれ○で示され
ています。大きな範囲で対象を調べた研究は大きな円、特定の狭い範囲で
なされた研究は小さな円で描かれています。様々な範囲の研究が、他と重
なり合いながら発表されています。これまでに発表された研究結果は、先
人たちが築いてくれた、人間にとっての新しい知識です。これら先人たち
によって蓄積された「新しい発見」を統合すると、「現在までに明らかに
されたこと」として黒い太線を引くことができます。太い黒線までが、「現
在までに明らかにされた人間の知識」ということになります。Ａ子さんは、
先人たちが発見した知識を少し超えて、新しい発見をすることを狙って、
斜線の範囲を含む研究を計画したというわけです。

　こうした「新しい発見を発表する」ために書かれたものが、いわゆる学
術的な文章と呼ばれるものです。学術的な文章には、例えば次のようなも
のがあります。査読付き（レフリー付きとも呼ばれる、審査を経た論文）
論文雑誌（ジャーナル誌とも呼ばれる）に掲載された論文、査読なしの論
文雑誌に掲載された論文、博士論文、修士論文、卒業論文などです。これ
らの文章は、何らかの新しい発見を発表するために書かれます。

　査読付き論文雑誌に掲載された論文は、査読がなされているため、学術
的なレベルが最も高い論文です。査読とは、論文の審査を意味します。審
査員が「新しい発見」がなされている研究であるかを読んで審査し、審査
を通過したものだけを論文雑誌に掲載するようにするのです。誰が審査を
するかという方式には、審査を担当する者が論文を投稿する研究者集団と
は別に決められている方式と、研究者集団の中で互いに審査をし合う方式
とがあります。研究者集団の中で互いに審査をし合う方式はピア・レ
ビューと呼ばれます。大学に提出される博士論文は、当該分野における専
門的な知識をもつ研究者が審査をして博士論文として認めるかどうかを判
断します。修士論文も複数の専門家が審査をします。助成金を獲得するた
めの研究計画書も「新しい発見」を狙えるかどうかが審査の観点となる学
術的な文章でしょう。大学院を受験するための研究計画書も同様の性質を
もっています。

2 なぜ引用する必要があるのか

　こうした、文章の学術的なレベルの話からも分かるように、学術的な文章において最も重要な要素は、「新しい発見」がなされているかどうかという点です。「新しい発見」は、研究結果そのものが新しい場合に限りません。同じ研究結果が出たが異なる研究方法で調べたという場合も「新しい発見」です。同じ研究方法を使って同じ研究結果が出たが、異なる研究対象で調べたという場合も「新しい発見」です。何かに対する新しい解釈も「新しい発見」です。論文の審査者は、こうした点を細かく精査し、その論文が「新しい発見」をしているかどうかを厳密に判定するのです。

　では、大学や専門学校で書くレポートや口頭発表の資料は、こうした論文とは性質が異なるのでしょうか。レポートは、修士論文や卒業論文などの学位論文を執筆するに至るまでの勉強の過程を記す文章だと考えましょう。「新しい発見」を目指す研究の手前で、特定の勉強をするために書くものがレポートです。例えば次のような課題があるでしょう。文献をある観点から読む、文献をある目的から要約する、文献同士を比較する、文献内容を解釈する、データを集めて記録する、データを分析するなどです。レポートや口頭発表の資料は、新しい発見を行うためにする研究の、部分的あるいは練習的な意味あいをもつ文章であるといえるでしょう。

　こうした様々な学術的な文章は、すべて「学問をする」、すなわち「新しい発見を発表する」ために書かれるため、発表内容のどこがどのように新しいのかを明確に示す必要があります。つまり、先人が築いた知識とこれから自分が発表する内容とがどのように異なるのかを明確に区別する必要があります。先人が築いた知識同士においても、どこがどのように異なるのかを区別して示す必要があります。A子さんの例で言うと、斜線部分がこれまでに発表されている先人たちの築いた知識とどう異なるのかを示す必要があります。また、資料の解釈を行う研究では、どこが資料の記載でどこが自分の解釈なのかを、明確に区別して示す必要があります。

　そこで、「引用」という技術を使うのです。引用とは、引いて論じること、すなわち、他の人の発表した言葉、あるいは話した言葉を鍵括弧で括って自分の論に組み入れることを指します。これまでに発表された内容や資料

の記述を、鍵括弧で括り、そのまま書き写します。先人の発表した発見がどのような言葉で発表されたのか、資料には何と書かれているかを、読者にそのまま見せるのです。こうすることによって、あなたの考えが、先人の発表内容や資料の記載と区別されて読者に伝わります。先人は「○○」と述べた、私は〜〜と考える、あるいは、資料には「○○」と書かれている、私はそれを〜〜と解釈する、と目で見て分かるように区別するのです。

　ここで問題になるのは、人々が共有している知識のどこまでが誰かの発見として尊重されなければならないのかという点です。すでに人々の常識となっているような知識については原本を引用する必要がありません。例えば、「地球には引力があるため、砂が少しずつ沈んでいった。」という記述で「地球には引力がある。」と文献から引いて示す必要はありません。常識かどうかの判断は難しいものですが、引用すべきかどうか迷ったら、検索エンジンでフレーズを入力しヒット数を参考にするという手もあります。

3 引用と要約

　先人が書き残した言葉や資料に記されている言葉と、自分の言葉とを区別することが、学術的な文章を書く上で重要だということが分かりました。では、その先人が書き残した言葉や資料に記されている言葉を、他の言葉に置き換えて説明してはいけないのでしょうか。

　文献中の箇所を引用せず、他の言葉に置き換えて説明してもよいのです。文献の存在を単に紹介するだけの目的で文献を挙げる場合には、他の言葉を使って紹介することがあります。とりわけ、ある話題について書かれた複数の文献を紹介するときには、それらの文献すべてを代表するような言葉で紹介するでしょう。あるいは、一冊の本や一編の論文の内容を、手短に読者に伝える必要のある場面があります。また、それらの文献の中で、著者が特定の事柄についてどう述べているかを短くまとめて説明したい場面があります。このようなときには、記述そのままを鍵括弧で括る引用をせず、別の言葉に置き換えて内容を伝えることが必要になってきます。

　この、文献の内容を別の言葉に置き換えて短く示す行為を要約といいます。つまり、要約するときは、元の文献の言葉をそのまま書き写して示す

引用とは異なり、文章を書いている人が別の言葉に置き換えて文献内容を示すのです。ただし、これは、すべての語句を置き換えないといけないという意味ではありません。引用するときと同様、要約する目的に合わせて短く説明するための言葉を選びます。

　この説明からも分かるように、要約は、元の文献を書いた人ではなく、文章を書いている人が言葉を綴って行う記述であるため、留意すべき点があります。すなわち、一般に要約は、誰でも自由に行うことができ元の著者に「このような言葉に置き換えましたが、それでいいですか。」と許可をとるわけではありません。ですから、元の記述をそのまま読者に見せる引用とは異なる性質の記述であることを頭に入れておく必要があります。

　要約する際に最も注意しなければならない点は、別の言葉に置き換えて説明する際に文献を書いた著者の意図から外れないようにするという点です。「ここは、そのような内容を言っているのではありません。」と文献の著者が怒ってしまうような説明になっていないか、十分に注意する必要があります。著者の意図を表す言葉を慎重に選んで説明する必要があります。無理に自分の主張に引き付けた言葉を使って説明したり、文献の一部分だけを取り上げて強調したりといったことが起きないようにすべきです。

　著者の意図と大きく外れた説明をしてしまい、文献の著者が法で訴えるということもあります。こうした事態を避けるには、文献中の重要と思われる語句だけでも引用する、という方法があることを覚えておきましょう。重要と思われる語句、すなわちキーワードが引用してあると、訴えられるなどのリスクを軽減することができます。

　要約は、先人たちの仕事をふまえるという学術的な文章における基本的な行為ですが、言葉を換えるだけに、引用よりも難しい文章技術であるともいえます。言葉には、それぞれ意味があり意味の範囲も異なるからです。文献内容を要約する際には、使う言葉の意味とその範囲に十分気をつけながら行いましょう。

　本書では、要約の仕方に関する詳しいガイドを行いませんが、要約をした際にも、文章中のどこからどこまでが文献内容の説明であるのかが読者に分かるようにし、出典を必ず示す必要があることを記しておきます。

2　剽窃を疑われないようにするために

❶ 剽窃とはなにか？

Google の論文検索サイト Google Scholar（グーグル・スカラー）のトップページを見てみましょう。

図2　Google Scholar のトップページ

Google Scholar の検索窓の下に「巨人の肩の上に立つ」という言葉があります。この言葉は、アイザック・ニュートンが好んで使った言葉として有名です。彼は 1676 年に友人のロバート・フックに宛てた書簡の中で「私がさらに遠くまで見ることができたとすれば、それは巨人たちの肩の上に立っていたからだ」と述べたといいます（古賀、2013）。「巨人たちの肩」というのは、「これまでの先人たちの知識の蓄積」を指しています。万有引力や微積分法といった大発見を成し遂げたニュートンでさえ、先人たちの知の功績に敬意を表し、その上に自らの業績をつくり上げたのです。

剽窃とは、他者が発表した内容を断りなしにあたかも自分のもののように示すことをいいます。2ページの図を思い出してください。学術論文における「新しい発見」は、それまでに行われた数々の「過去の研究」の蓄

積の上にあります。過去に誰にも研究されていない事柄を特定し、新しい発見を論文で発表するという労力は大変なものです。つまり、「他者が発表した内容を断りなしにあたかも自分のもののように示す」行為は、こうした先人たちの知の成果を自分の功績として横取りする「恥ずべき行為」なのです。

「他者が発表した内容」は学術論文に限りません。本や Web ページの場合も同様です。本や Web ページには学術論文のように必ずしも「新しい発見」は示されていないかもしれません。しかし、何度も校正を繰り返し情報が丹念に整理された本や、引用に足るだけのオリジナリティのある情報を発信する Web ページは、著者の多大な努力の成果です。

私たち書き手は、こうした〈他者が発表した内容〉を本文中で〈自分の考え〉と明確に区別して書き分け、さらに、〈誰が、いつ、どこで発表した内容なのか（出典）〉を本文末で明記しなければなりません。この手続きを踏むことで初めて、剽窃を避け、先人たちの知の成果の上に〈自分の考え〉を述べることができるのです。

2 剽窃が疑われる文章の特徴

では、どのような文章が剽窃とみなされてしまうのでしょうか。具体的に見ていくことにしましょう。まず、〈他者が発表した内容〉と〈自分の考え〉を本文中で明確に区別できていない場合です。例えば、原文の表現を一部だけ変えたり、単に語句の順番を入れ替えたりすることで自分の文章のように装うことは剽窃にあたります。例えば、次の例を見てみましょう。最初に原文、続いて、原文を参考にして書いた文章を示します。

【原文】

　睡眠不足の翌日、本調子でないことはほとんどの人が経験しているはずである。**眠りを奪われた結果、**もっとも**顕著に現れるのは、注意力の著しい低下**だ。一晩徹夜すると、かなり酒に酔ったときと同等の注意力の低下がみられる。徹夜して運転しても飲酒運転のように罰せられることはないが、それと同程度に危険なのだ。

櫻井武（2010）『睡眠の科学―なぜ眠るのかなぜ目覚めるのか―』講談社　p.17

【書いた文章】

　徹夜明けの状態で車を運転することは非常に危険である。<u>徹夜をした場合、酒に酔ったときと同じくらい注意力が低下する。徹夜明けに運転をしたからといって法律で罰せられることはないが、酒に酔ったときと同程度の危険性が生じる。</u>**眠りを奪われた結果、注意力の著しい低下が顕著に現れる**のである。したがって、徹夜明けの状態での車の運転は避けるべきである。

　上の【書いた文章】の問題点は、【原文】の表現を一部変えたり、語句を入れ替えたりすることであたかも自分の文章のように書いている点です。例えば、【書いた文章】の下線部は、【原文】の<u>下線部</u>の表現を所々変えて書かれています。また、【書いた文章】の網掛け部は、【原文】の網掛け部の**太字**の語句の順番を入れ替えて書かれています。このように、〈自分の考え〉と〈他者が発表した内容〉を明確に区別せずに書く行為は剽窃にあたります。〈他者が発表した内容〉と一言一句同じ内容を本文中で用いるときは必ず「　」（鍵括弧）で括って、「ここは、他者が発表した内容です。」と読者に知らせましょう。また、〈他者が発表した内容〉を自分の言葉で要約して示す場合にも、「櫻井（2010）によると、…」などと本文中に著者名と出版年を明示し、〈自分の考え〉と区別して示すことが大切です。

　次に、〈誰が、いつ、どこで発表した情報なのか（出典)〉を本文中、本文末で明記していない場合です。例えば、出典を明記せずに本や論文の記述を写す、出典を明記せずに Web ページの情報（図表、写真、動画など）をコピー＆ペーストする、といった行為は剽窃にあたります。つまり、先人たちの知を借りていながら、そのことを示していないのです。こうした先人たちの知の成果を横取りする態度で書かれた文章は剽窃とみなされても文句はいえません。例えば、次の二つの【悪い例】を見てみましょう。

【悪い例1（文章）】

　学術的な文章を書く上で、原文を正確に引用することは非常に重要である。引用を疎かにして書かれた文章に対し「もとの筆者に対しては無礼であり、読者に対しては詐欺的である。」という批判も見られる。

〈参考文献なし〉

【悪い例2（図）】

　男性は女性に比べ朝食を取らない人が多い。次の図1は2015年における朝食の欠食率を性別、世代別に示している。

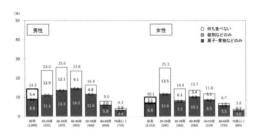

図1　朝食の欠食率の内訳（20歳以上、性・年齢別階級別）

図1によれば、2015年、男性の場合20代から40代の欠食率は約25％であった。一方で、女性の場合、20代では25.3％と高い欠食率を示しているものの30代以降は15％以下に低下している。このことから、男性は女性に比べ総じて朝食の欠食率が高い傾向があると言える。男性は女性に比べ朝食を取らない人が多いのである。

〈参考文献なし〉

　上の**【悪い例1（文章）】**と**【悪い例2（図）】**は、いずれも参考文献を用いて書いたことは明らかです。しかし、本文中、本文末に出典が示されていません。このように、先人の知を借りたにも関わらず出典を示さない行為は剽窃にあたります。本文中と本文末で〈誰が、いつ、どこで発表した情報なのか（出典）〉を忘れずに明記するようにしましょう。出典の具体的な記述方法は第2章を参照してください。

❸ 剽窃に科される処分

　提出したレポートや論文で剽窃が発覚した場合、一般に非常に重い処分が科されます。当該科目の単位が取得できないだけでなく、その学期に受けている他のすべての科目の単位が無効になることもあります。さらに深刻な場合には、無期停学という処分が下ることもあるでしょう。アカデミックな世界において、剽窃という行為はそれだけ「恥ずべき行為」なのです。ときどき「たかが講義レポートだから。」と高を括っている学生がいますが、それは通用しません。大学で学ぶ以上「講義レポート」も立派な学術文章なのです。

　処分の話をすると、よく「新しく学んだことをすべて引用していたらきりがありません。どこまで引用すればいいのですか？」という質問を受けます。たしかに、「どこまで」引用すべきかは難しい問題です。引用を「どこまで」行うべきかは、個々の文章の目的に照らして判断されることだからです。ただ、一つの基準として、自分のレポート、あるいは研究の問いに照らした時に、「『一部答えて』いたり、答えようとしているが『視点がずれて』いたり」する文献で、自分のレポート、あるいは研究の問いと「何らかの関係があると判断される」文献について取り上げるという意識を持つことは有効です（佐渡島・吉野、2008、p.187）。

　剽窃を疑われない文章を書くためには、〈他者の発表した内容〉と〈自分の考え〉を本文中で明確に書き分け、さらに、本文中、本文末で〈誰が、いつ、どこで発表した情報なのか（出典）〉を明記して適切に引用を行うことが重要になるのです。

参考文献

古賀稔章（2013）「未来の書物の歴史　第3回『自然という書物（前編）』」
　　　DOTPLACE　http://dotplace.jp/archives/5642
佐渡島紗織・吉野亜矢子（2008）『これから研究を書くひとのためのガイドブック』ひつじ書房
Google Scholar ホームページ　https://scholar.google.co.jp/

4 剽窃の例

　右の縦書きの文章は、鈴木（2012）による『超高齢社会の基礎知識』という本の 13 ページからの抜粋です。この本から引用してレポートを書いているとしましょう。下に示されているような書き方は、剽窃とみなされます。

▼人の考えを自分の考えのように書くのは剽窃

【剽窃している例1】
高齢化というのは、国の人口の中に 65 歳以上の人の割合が増えることである。

　この文は、多少、語順などを替えていますが、元の文献を書いた著者の考えそのものを繰り返し、自分の考えであるかのように書いてしまっているので、不適切です。剽窃となります。

▼単なるコピー・ペーストは剽窃

【剽窃している例2】
さらに高齢者人口が全人口の 7 ％を超えると、「高齢化社会」といい、その 2 倍の 14 ％を超えると「高齢社会」という。

　この例も、先の例と同様、引用元の著者の考えをそのままコピー・ペーストして自分の考えであるかのような説明をしています。この考えを誰が述べているかという著者を示していないので不適切で、剽窃となります。

人口学的には、総人口のなかで六十五歳以上の高齢者の割合が増加することを高齢化という。さらに高齢者人口が全人口の七パーセントを超えると「高齢化社会」といい、その二倍の一四パーセントを超えると「高齢社会」、さらにその三倍の二十一パーセントを超えた社会を「超高齢社会」と呼んでいる。

▼引用元の出典が提示されていないと剽窃

【剽窃している例3】

「さらに高齢者の人口が全人口の7％を超えると、『高齢化社会』といい、その2倍の14％を超えると『高齢社会』という。」（鈴木）

　今度は、書き写した箇所を「　」で括っているので、どこを書き写したかが明確です。また、著者名を示しているので、引用された説明が鈴木によって述べられたものであると分かります。しかし、読者は、その著者がどのような文献のどのページでそれを述べたのかが分かりません。その文献を手にとって確認することもできません。文献の出版年と引用元のページが書かれていないので、不十分です。

▼剽窃にならない書き方

　剽窃とならない書き方は、以下のような書き方です。文献を書き写した部分を「　」で括って自分の考えと明確に分けます。その上で、引用元の著者と文献を示します。文献の情報は、文中では、【著者、発行年、引用元のページ】という三つの情報を書きます。そして参考文献リストで、読者が文献を実際に手にとって読めるよう詳しい情報を示します。参考文献リストでは、どのページから引用したかというページは書きません。

【剽窃にならない書き方1】

「さらに高齢者人口が全人口の7％を超えると、『高齢化社会』といい、その2倍の14％を超えると『高齢社会』という。」（鈴木、2012、p.13）

【剽窃にならない書き方2】

鈴木（2012）は、次のように説明する。「高齢者人口が全人口の7％を超えると、『高齢化社会』といい、その2倍の14％を超えると『高齢社会』という。」（p.13）。

【剽窃にならない書き方３】

鈴木によれば、「高齢者人口が全人口の７％を超えると、『高齢化社会』といい、その２倍の 14 ％を超えると『高齢社会』という。」（2012、p.13）。

参考文献

鈴木隆雄（2012）『超高齢社会の基礎知識』講談社

　なお、引用元の文章をそのまま正確に書き写すことが引用の原則ですが、この原則に当てはまらない場合があります。

（1）漢数字とアラビア数字

　縦書きの文献から引用して横書きの文章を書く際には、漢数字を断りなしにアラビア数字に替えることができます（前ページのように）。逆も同様です。

（2）単位

　「パーセント」「メートル」などの単位も、「％」「m」と断りなしに替えることは構いません。

（3）かっこの種類

　引用の「　」で括ると、元の文章中に使われている「　」は、すべて『　』に替わります。「「　」」とならないようにするためです。入れ子式にもう一つ「　」が入っている場合にも、順次替えて、同じ種類のかっこが重ならないようにします。これも数字や単位と同様、断らなくてよい要素です。

（4）引用箇所の中の間違い

　引用する箇所の中で間違いを見つけたときには、間違いのまま書き写し、その語句の上に「ルビ」（ワードでは「フォント」機能の中にある）機能を使って片仮名で「ママ」と入れます。年号が間違っていると気づいた場合、人名や地名の漢字が間違っていると気づいた場合などです。

例）　「1968 年の…」「斎藤が新聞社に…」

3 引用する文献の選択

■1 よい情報とはなにか

　ここまで、引用の意義や引用を行う際の注意点を述べてきました。書き手が学術的な資料を手元に持っていることを想定していました。しかし、よい研究論文を書き上げるためには、その資料について「どのようなものを選ぶか」、「どのように選ぶか」を事前に知っていることが大切です。ここでは、引用する文献を選ぶ際に気を付けるべき留意点を紹介します。

　研究者は、それぞれの専門分野で最先端の研究を発表しようとします。かつて、専門領域における情報量はとても限られていました。今は、インターネットを用いた学術的な情報収集が一般的になり、「情報へのアクセス」、「情報共有の機会」の両面において非常に便利になってきています。現代人が1日でインターネットから得られる情報量は、インターネット技術が無かった時代の一人の人間が生涯に得ることのできる情報量を上回ると言われています。現在はインターネットを通じて手軽に国内外の最新の研究にアクセスすることができます。これに伴い、書き手がその情報の良し悪しを判断しなくてはならなくなりました。

　自らの研究で新しい学術的知見を提供したい場合や、これまでの研究について批判的な議論を展開したい場合には、集めた情報を批判的な視点で分析する力が必要不可欠です。私たちは実際に集めた情報を用いる前に一度立ち止まって考える必要があります。私達が選んだ情報がそもそも学術的な観点から適当なものかどうか疑う必要があるからです。

■2 引用する文献の選択基準

　アメリカでは、引用元の情報が学術的に適切かどうかを判断するのに役立つ C.R.A.P テストと呼ばれる手法が開発されました（Beestrum, 2007; Beestrum & Orenic, 2008）。この二人は、大学の図書館司書も務める研究者です。C.R.A.P という名称からは、役に立たない情報というイメージを持つ「crap（がらくた、くず、などの意）」という英単語が連想されま

す。Beestrum & Orenic(2008) は、私たちが引用する情報を選択すると
き、その情報が学術的に適切かどうかを判断するために次の4つの基準を
持つことが大切だと指摘しています。

　　　　C…Currency（新しさ）
　　　　R…Reliability（信頼度）
　　　　A…Authority（権威）
　　　　P…Purpose/Point of View（目的・視点）
　以下に、それぞれについて詳しくみましょう。

▼ Currency（新しさ）

　引用する情報を選択するとき、研究分野によっては、その情報が最近の
ものであるかを調べることが重要です。例えばコンピューター工学分野で
は、論文が発表された時に引用した情報が既に時代遅れになってしまって
いることがよくあるといいます。自分の研究分野において発表された研究
内容の「鮮度が保たれている」期間はどのくらいか、権威のある学会誌の
論文に目を通して確認しておくとよいでしょう。その期間は5年でしょう
か、それとも20年でしょうか。また、その情報がインターネット上の情
報である場合、情報が掲載されているウェブサイトが長い間アップデート
されていないということはないでしょうか。そのような状況であれば、
ウェブサイトの管理者や情報提供者に問い合わせて確認することも必要で
しょう。

▼ Reliability（信頼度）

　引用をする際、その情報がどの程度信頼のおけるものかを検討すること
も重要です。このとき効果的なのは、自分が使おうと思っている書籍、論
文が引用している文献のリストに目を通すという作業です。もし、何度も
登場する文献があれば、その書籍、論文の内容も信頼がおけると判断でき
るでしょう。

▼ Authority（権威）

　C.R.A.P テストの中で、最も確認しやすいのがこの基準かもしれません。

ただ、見過ごされやすい基準でもあります。使いたいと思っている情報を、誰がもしくはどのような団体が作成したのかという基準です。情報の作成者（あるいは提供者）は、社会的に信頼のおける人物または組織でしょうか。また、作成者が持っている資格や免許は、専門性を反映しているでしょうか。さらに、こうした権威のチェックは、情報の作成者（あるいは提供者）に限定してはいけません。必ず、その情報がどのような立場から発信されているかをチェックすることが重要です。誰がその情報を管理していて、どのように人々に公開しているか。これらの点にも気を付けなくてはなりません。

▼ Purpose/Point of View（目的・視点）

誰の目から書かれているかという基準です。例えば、企業のウェブサイトから提供される情報は、その企業・関連団体に対して有利な目的や視点で書かれる場合があることに留意しなければなりません。もし、目的が商品を売ることにある場合、その情報で使われるデータはその企業・関連団体の利益に偏ったかたちで発信されるでしょう。案外、本当に信頼できる情報は、研究者の遠くにあることが少なくありません。非常に魅力的に見え、研究者のニーズに合致している情報には大きな落とし穴が隠れている可能性があるのです。研究の論拠として使おうと思っている情報は、常に批判的な観点から検討することが大切です。

C.R.A.P テストについてより詳細に知りたい場合は、以下の URL を見てください。

CCCOnline Library. *Learn about Evaluating Sources: Introduction*
https://ccconline.libguides.com/

Library Guide for Waseda University Student Research. https://guides.library.pdx.edu/waseda

参考文献

Beestrum M. (2007, October). *Information Literacy as a Collaborative Tool.* Presentation at ILA Annual Conference, Springfield,

IL.

Beestrum M., Orenic K. (2008, May). *Wiki-ing Your Way into Collaborative Learning*. Presentation at LOEX Annual National Conference, Oak Brook, IL.

第2章

引用の方法
APA書式で

1 同じ立場の主張を引用して自分の主張を強めたいとき

課題：睡眠の重要性を、根拠を示しながら論ぜよ。

引用なし

　十分な睡眠を取ることは重要である。睡眠不足は私たちの生活に悪影響を及ぼすからである。^(A)**たとえば、学生生活での例を挙げてみよう。私は、サークルの飲み会で深夜まで飲んだり徹夜でレポートを書いたりして睡眠不足になることがある。このような日に、自転車で通学中、事故を起こしそうになったことが何度もある。授業にも集中できない。このように睡眠不足は私たちの生活に悪影響を及ぼす。**したがって、日々充実した生活を送るためにも、十分な睡眠を取ることが重要なのである。

引用後

　十分な睡眠を取ることは重要である。睡眠不足は私たちの生活に悪影響を及ぼすからである。^(B)**櫻井（2010）は、睡眠不足がもたらす悪影響を「眠りを奪われた結果、もっとも顕著に現れるのは、注意力の著しい低下だ」（p.17）と指摘する。私は、サークルの飲み会で深夜まで飲んだり徹夜でレポートを書いたりして睡眠不足になることがある。このような日に、自転車で通学中、事故を起こしそうになったことが何度もある。授業にも集中できない。これも「注意力の著しい低下」が原因だったのであろう。また、^(C)櫻井（2010）は「睡眠不足は冷静な判断力も鈍らせる。」（p.17）と言う。私たちの生活は判断の連続である。特に、重要な仕事となれば一つの判断の誤りが重大な信頼の損失を招きかねない。このように睡眠不足は私たちの生活に悪影響を及ぼす。**したがって、日々充実した生活を送るためにも、十分な睡眠を取ることが重要なのである。

参考文献
櫻井武（2010）『睡眠の科学―なぜ眠るのかなぜ目覚めるのか―』講談社

❓ 引用がないと何が問題？

太字（**A**）では、「睡眠時間が不足すると翌日の活動に悪影響を及ぼす」ことの理由として、筆者は学生生活の経験から具体例を挙げています。主張の理由として個人の体験やエピソードを示すことは悪いことではありません。しかし、それらはあくまで一個人の体験に留まってしまうため、学術的文章における主張の理由としては、やや弱い印象を与えてしまいます。

❗ 同じ立場の主張を引用して自分の論を強めると…

太字（**B**）では、睡眠不足による悪影響を説明するために、同じ立場の主張をしている櫻井武（2010）の言を引用しています。そして、睡眠不足がどのような悪影響をもたらすのか（＝「注意力の著しい低下」）を指摘しています。さらに、櫻井の指摘を受けるかたちで、自分の体験という具体例を示しています。同じ立場の主張を引用することで、自分の体験をより説得力をもって示すことができています。

太字（**C**）でも、櫻井の言を引用して睡眠不足がもたらす悪影響（＝「冷静な判断力も鈍らせる」）を指摘しています。その上で、自分の主張につなげるために、日々の生活や仕事に「冷静な判断力」が必要なことを加えています。引用して終わりにするのでなく、分析をして自分の主張につなげています。

✔ 同じ立場の主張を引用するときの留意点

一般に、引用する著者の職業や所属は書きません。しかし、著者の職業や所属が説得力につながる場合や主張を示すために必要な場合は記します。例えば、都会におけるカラスの被害について書いているレポートで、「同じくカラスによる被害で困ってきた○○町の町長、Ａさんは、…」などと肩書きを紹介することもできるでしょう。

なお、ここで引用されている書籍は、講談社が刊行しているブルーバックスという新書です。新書などは、参考文献リストでは「○○新書」のようにシリーズ名を書かず、出版社名だけを書きます。

2 他者を批判して
自分の主張を補強したいとき

課題：地球の温暖化はどのような問題なのかを論ぜよ。

引用なし

　地球の温度が上がっていることを問題視する科学者は多い。しかし、そもそも地球温暖化という現象は存在しないと訴える科学者もいる。これらの科学者たちは、それは神話であり、(A)**地球は昔から徐々に温まっていると言うのである。**もしそうであるなら、地球の温暖化そのものは現代における問題とは言えない。問題は、次の点なのである。昔から自然現象として地球は徐々に温まっている。しかし、現代は、人間社会のあり方が温暖化に大きく影響しており、温度の上がるスピードが昔より速い。温暖化が自然現象だけでなく人為的にも起こされたものであり、速い速度で進んでいることが問題なのである。

引用後

　地球の温度が上がっていることを問題視する科学者は多い。しかし、そもそも地球温暖化という現象は存在しないと訴える科学者もいる。これらの科学者たちは、地球温暖化現象は神話であると言う。そして、(B)**「地球は昔から変動してきたし、今後も変動し続ける。」**（渡辺、2012、p.117）と主張する。もしそうであるなら、地球の温暖化そのものは現代の問題とは言えない。問題は、次の点なのである。昔から自然現象として地球は徐々に温まっている。しかし、現代は、人間社会のあり方が温暖化に大きく影響しており、温度の上がるスピードが昔より速い。温暖化が自然現象だけでなく人為的にも起こされたものであり、速い速度で進んでいることが問題なのである。

参考文献

渡辺正（2012）『「地球温暖化」神話―終わりの始まり―』丸善出版

❓ 引用がないと何が問題？

太字（A）「地球は昔から徐々に温まっていると言うのである。」という文は、そのような意見を持っている人たちの大まかな考え方を示したにすぎません。その意見を誰が言っているのか、どこに書いてあるのかが読み手には分かりません。他者を批判するときには、証拠を挙げて説明しなければなりません。

❗ 他者を批判したいときに引用すると…

太字（B）では、『「地球温暖化」神話—終わりの始まり—』という本を挙げたことで、批判する立場の人たちの意見を読み手に示すことができました。批判する立場の人たちの意見を証拠として挙げたことで、文章の説得力が増しました。

✔️ 他者を批判するために引用するときの留意点

一口に批判と言っても、論の展開は様々考えられます。例えば、主張そのものとは異なる事例があると批判する、主張に至った手続きを批判する、その著者が立っている前提を批判するなど、いろいろあるでしょう。引用しようとしている箇所が、自分の論とどのような関係にあるのかをよく考えて批判をすると、説得的な記述になります。

3 データを引用して
自分の主張を補強したいとき

課題：大学生の生活習慣についてテーマを決めて自由に論ぜよ。

引用なし

　本稿では大学生の運動習慣について論じる。筆者は、中学・高校時代、サッカー部に所属していた。毎日、早朝から遅くまで練習に励んでいた。しかし、大学生になり、法律研究会に入ると状況が一変した。文献を読んだり仲間と議論したりするのは有意義だが、運動する機会がめっきり減った。中学・高校時代に比べて、疲れやすくストレスを溜めるようになってしまった。[(A)]**運動習慣がなくなったことが原因であろう。運動をすることで、体力的にも精神的にも健康でいられるのである。だから、運動系の部活やサークルに所属しない学生は意識的に運動する習慣をつけ、健康のために定期的に運動を行うべきである。**

引用後

　本稿では大学生の運動習慣について論じる。筆者は、中学・高校時代、サッカー部に所属していた。毎日、早朝から遅くまで練習に励んでいた。しかし、大学生になり、法律研究会に入ると状況が一変した。文献を読んだり仲間と議論したりするのは有意義だが、運動する機会がめっきり減った。中学・高校時代に比べて、疲れやすくストレスを溜めるようになってしまった。[(B)]**川尻・佐藤・鈴木・山口（2015）は、大学1年生を対象に運動習慣と疲労度、メンタルヘルスの関係を質問紙で調査した。1386名からの回答を分析した結果、「運動により『意欲低下』や『活力低下』を軽減させる可能性があ」（p.38）ることが分かった。特に、運動習慣のある学生の「疲労自覚得点」の平均値は、運動習慣のない学生に比べて「7.2」（p.36）ポイントも低かった。つまり、運動をすることで、体力的にも精神的にも健康でいられるのである。さらに、「週に1，2日程度（運動を）行う」と回答した学生が疲労度やうつ度でそれぞれ「14.7」、「14.8」％と最も低い値を示し**

ていた（p.37）。だから、運動系の部活やサークルに所属しない学生は、少なくとも週に1，2日でも運動する習慣をつけ、健康のために定期的に運動を行うべきである。

参考文献

川尻達也・佐藤進・鈴木貴士・山口真史（2015）「大学生の運動習慣がメンタルヘルスに与える影響」『KTT Progress』22、33-40

❓ 引用がないと何が問題？

　太字（A）では「中学・高校時代に比べて、疲れやすくストレスを溜めるようになってしまった」原因を「運動習慣がなくなったこと」だと述べ、運動する習慣を勧めています。しかし、これは筆者個人の経験だけに基づく原因であり、万人に当てはまるのかどうかはわかりません。

❗ 引用して自分の論をデータで補強すると…

　太字（B）では、川尻ら（2015）の調査結果を引用し、「運動をすることで、体力的にも精神的にも健康でいられる」を裏付けています。主張の説得力が増しました。また、調査結果を紹介し、「運動系の部活や（中略）運動する習慣をつけ」るべきと具体的な提案につなげている点も、主張に説得力をもたせています。

✅ 自分の論をデータで補強するときの留意点

　データを引用する場合は、図や表をそのまま引用する場合もありますし、図や表に示されている数字などを取り出して本文に記述する場合もあります。いずれにせよ、データを正確に引用します。ただし、本文の記述では主張に応じた表現をする場合もあります。例えば、「人口の55％」と示すより「人口の過半数」と表現するほうが効果的な場合があるでしょう。誇大な表現は厳禁ですが、主張に応じた表現を工夫することは有効です。

　単位表現の意味を確認しながら書き進めることも大切です。左の文章では、「％」と「ポイント」が区別されています。「％」は母集団に含まれる要素数の割合を示す単位です。一方、「ポイント」は母集団に含まれる要素数の割合の差を表すときに使われます。

4 権威者の言を引用して 自分の主張を補強したいとき

課題：日頃あなたが感じている社会の変化について自由に論ぜよ。

引用なし

　AIの発達にともない人間は仕事を奪われてしまうのではないか。(A)実際、自動運転車の開発は国内外で開発競争が盛んになっており、タクシーやバスの運転手の職がAIに取って替わられる未来は容易に想像できる。マニュアルが徹底しているコンビニのアルバイト店員も近い将来AIに取って替わられるのではないだろうか。他にも会計士や弁護士と言った専門職の場合でも安心はしていられないという話も聞く。AIはどこまで人間の仕事を奪ってしまうのであろうか。本レポートではAIの発達と人間の仕事の関係について考察する。

引用後

　AIの発達にともない人間は仕事を奪われてしまうのではないか。実際、自動運転車の開発は国内外で開発競争が盛んになっており、タクシーやバスの運転手の職がAIに取って替わられる未来は容易に想像できる。(B)野村総合研究所とオックスフォード大学が共同で行った研究によると「10〜20年後に、日本の労働人口の約49％が技術的には人工知能やロボットにより代替できるようになる可能性が高い」と指摘されている（野村総合研究所、2015）。驚くべき数字である。では、逆に代替されない仕事とはどのようなものなのだろうか。同調査によると「創造性、協調性が必要な業務や、非定型な業務は、将来においても人が担う」という。この調査は、著名な研究機関による国内601業種を対象にした大規模な調査であり、今日において見過ごすことのできない重要な課題を提示しているといえる。こうした調査結果を受け、本レポートではAIの発達と人間の仕事の関係について考察する。

参考文献

野村総合研究所（2015）「日本の労働人口の49％が人工知能やロボット等で代替
　　可能に—601種の職業ごとに、コンピューター技術による代替確率を試算
　　—」https://www.nri.com/jp/news/2015/151202_1.aspx

❓ 引用がないと何が問題？

　例文はレポートの序論部分です。序論の最後で「本レポートではAIの
発達と人間の仕事の関係について考察する。」と問題提起を行っています。
問題提起のために、AIに取って替わられると予想される仕事の例を、**太字
（A）**でいくつか挙げていますが、あくまで筆者の予測です。これらの予測
は間違っていないかもしれませんが、その根拠が十分に示されていないた
め信憑性に欠けます。読者と問題意識を共有することが序論の大事な役割
ですから、しっかりと根拠を示しながら論述をする必要があります。

❗ 権威者の言を引用して自分の論を補強すると…

　序論の最後の「本レポートではAIの発達と人間の仕事の関係について
考察する。」という問題提起の背景として、**太字（B）**で、野村総合研究所
とオックスフォード大学による共同研究の結果を提示しています。そして、
両研究機関の調査の信頼性に言及することで、レポートで扱う問題が深刻
かつ重要であることを読者に印象付けています。「引用なし」の文章では、
問題提起が個人的な予測のみに基づいていたのに対し、「引用後」の文章
では、個人的な予測に加え、信頼できる研究機関の調査結果を示していま
す。その結果、問題の重要性を読者により説得的に示すことができました。

✅ 権威者の言を引用して自分の論を補強するときの留意点

　1でもふれたように、一般に、引用する著者の職業や所属は書きません。
しかし、それが説得力につながる場合は、記すこともできます。例えば、
生活習慣病に関するレポートで、「20年にわたり糖尿病疾患を診てきたA
医師は、…」などとして著者の背景を記述し紹介することができるでしょう。

5 自分が見せてきた事例を 一般化したいとき

課題：子どもはどのように言葉の使い方を学んでいくか、説明せよ。

　子どもの時、母とサンドイッチを作った。「次にこのレタスをやぶるのね。」と言うと、母が「その日本語はへん。レタスはちぎるの。」と言った。「やぶる」と「ちぎる」はどう違うのだろうと思ったが、後に「千切る」という表記を見て分かった。たくさんのピースに分けるときは「やぶる」のでなく「ちぎる」のである。サンドイッチを作る作業を通して、二つの語を正しく使えるようになったのであった。

　数人の子ども相手に、牛飼いと天女の絵本を読み聞かせていたら、男の子が聞いた。「『つま』って何？　お母さんのこと？」女の子が「おくさんのこと。」と言った。すると男の子が「僕、あそこの床屋さんのつまと仲良しだよ。」と言う。女の子が、「え、床屋さんのおくさんでしょ。」と訂正したが、男の子はぽかんとしていた。

^(A)**子どもが言葉を正しく使えるようになるには時間がかかるのである。**

　子どもの時、母とサンドイッチを作った。「次にこのレタスをやぶるのね。」と言うと、母が「その日本語はへん。レタスはちぎるの。」と言った。「やぶる」と「ちぎる」はどう違うのだろうと思ったが、後に「千切る」という表記を見て分かった。たくさんのピースに分けるときは「やぶる」のでなく「ちぎる」のである。サンドイッチを作る作業を通して、二つの語を正しく使えるようになったのであった。

　数人の子ども相手に、牛飼いと天女の絵本を読み聞かせていたら、男の子が聞いた。「『つま』って何？　お母さんのこと？」女の子が「おくさんのこと。」と言った。すると男の子が「僕、あそこの床屋さんのつまと仲良しだよ。」と言う。女の子が、「え、床屋さんのおくさんでしょ。」と訂正したが、男の子はぽかんとしていた。

[B]子どもの語彙力に関して、石黒・柏野（2018）は、次のように述べる。「本当に『力』をつけるには、知っている言葉が多いだけでは十分ではありません。使える言葉が多いことも重要になります。」（p.8）。上のエピソードは、どちらも言葉を知っていたが使えなかった例である。

参考文献

石黒圭・柏野和佳子（2018）『小学生から身につけたい一生役だつ語彙力の育て方』KADOKAWA

❓ 引用がないと何が問題？

　二つの事例が描かれています。これら二つの事例が、**太字（A）**「子どもが言葉を正しく使えるようになるには時間がかかるのである。」という一文でまとめられています。まとめの一文は、内容としては外れてはいませんが、二つの事例をまとめる、単なる感想のような印象を受けます。課題にある、子どもが「言葉の使い方を学んでいく」過程を説明するために、もう少し学術的な手続きをとりたいところです。

❗ 事例を一般化する記述を引用すると…

　二つの事例を説明する記述を書籍から引用しました（**太字（B）**）。抽象度を上げて一般化した説明です。この書籍は、二人の日本語の専門家によって書かれています。「語彙力」が、単に「知っている言葉」が多い状態を指すのではなく「使える言葉」が多い状態を指すのだと説明されています。この引用により、二つの事例をまとめて一般化し、かつ専門的な説明を加えることができました。

✔ 一般化する記述を引用するときの留意点

　まずは、事例を的確に説明する記述を引用することが大切です。事例とその説明がずれていると、かえって説得力を弱めてしまうからです。

　そして、複数の事例を一般化する際には、どちらの事例も共通して括る箇所を引用することも大切です。引用元の文章で使われている語句や文を注意深く読み、記述がすべての事例に該当するかを確認しましょう。

6 自分が示した主張に合う
事例を見せたいとき

課題：IT技術の発展が、どのような変化をもたらすかを論ぜよ。

引用なし

　IT技術の発展は、学びの方法を変えている。先日、筆者が研修を行なった企業では、受講者が一台ずつスマートフォンを手にしていた。講師が質問をすると、各受講者が簡単な反応を入力して送る。すると、即座に全員の意見がスクリーンに映し出される。全体の傾向や少数多数の意見が、受講者に発言させることなく把握できるのである。ノートとペンと発言だけの教室とは、学びの方法がずいぶん変わった。

　IT技術の発展は、評価の指標も変えている。[A]**好評価が、評価者の人数や程度を示す数字で表されるようになった。**

引用後

　IT技術の発展は、学びの方法を変えている。先日、筆者が研修を行なった企業では、受講者が一台ずつスマートフォンを手にしていた。講師が質問をすると、各受講者が簡単な反応を入力して送る。すると、即座に全員の意見がスクリーンに映し出される。全体の傾向や少数多数の意見が、受講者に発言させることなく把握できるのである。ノートとペンと発言だけの教室とは、学びの方法がずいぶん変わった。

　IT技術の発展は、評価の指標も変えている。[B]**江戸川・田玉（2016）の新聞記事によると、ポピュラー音楽が、どれくらい「売れるか」ではなくどれくらい「受けるか」で評価される時代が来たというのである。例えば、2013年にユーチューバーとして人気を博したピコ太郎の「PPAP」が米国で話題になった背景には、「ビルボードがランキングの出し方を2013年に変えたことも追い風になった。」という。「かつてはCDの売り上げやラジオで流れた回数などから集計していたが、ユーチューブや有料の聞き放題サービスでの再生回数も評価の指標に加えたからだ。」（29面）という。このように、IT技術の発展**

は、評価の指標も変えているのである。

参考文献

江戸川夏樹・田玉恵美（2016年11月2日）「ピコ太郎の『PPAP』全米で話題なぜ？」『朝日新聞』朝刊、東京本社版14版、29面

❓ 引用がないと何が問題？

「引用なし」の文章では、「IT技術の発展は、学びの方法を変えている。」と主張したいために、受講者が一台ずつスマートフォンを手にしながら受講する教室の様子を描写しています。体験にもとづく事例が証拠として挙げられました。けれども、後半の「IT技術の発展は、評価の指標も変えている。」という主張については、**太字（A）** の「好評価が、評価者の人数や程度を示す数字で表されるようになった。」という一般的な説明に終わっています。この後半部分についても証拠が挙げられると、説得力が増します。

❗ 自分が示した主張に合う事例を引用すると…

後半の「IT技術の発展は、評価の指標も変えている。」という主張を裏付ける証拠として、**太字（B）** で、ピコ太郎の人気について報じる新聞記事を取り上げています。ピコ太郎のアメリカでの人気は、ユーチューブの再生回数が評価の指標に加えられたからだとする新聞記事です。たった一つの事例ですが、主張を確かに裏付け、説得的です。

この文章では、新聞記事を論に組み込む際に、記事を要約するだけではなく、「売れるか」「受けるか」というキーワードを引用しており、印象的です。また、「ビルボードがランキングの出し方を2013年に変えたことも追い風になった。」と、「かつてはCDの売り上げやラジオで流れた回数などから集計していたが、……再生回数も評価の指標に加えたからだ。」という二文を引用しています。これら二文は、「評価の指標」がどう変わったかを具体的に示しており、説得的です。

✔ 事例を引用するときの留意点

主張にぴったりの事例を引用することが最も大切です。さらに、「例えば」という接続詞でつなげて論じることも効果的です。

7 自分の主張の理論的背景を説明したいとき

課題：効果的な広報戦略とはどのようなものか、身近な例を使い論ぜよ。

引用なし

　本稿では、インターネットサイトにおける商品広報に焦点を当て、効果的な広報戦略を考察する。先日、筆者は、大手インターネットショッピングサイトの Amazon でヘッドフォンを買おうとした。何気なくサイトを開くと、タイムセールの見出しとともに大幅に割引された数々の商品が目に飛び込んできた。(A)**その中に、高品質なヘッドフォンが売られているのを見つけた。普段はそこまでヘッドフォンの品質にこだわる方ではない。しかし、期間限定で大幅割引されていると思うと「このチャンスを逃したくない」との思いから衝動買いをしてしまった。インターネットショッピングが隆盛の中、このような経験をしたことがある人は少なくないだろう。**

引用後

　本稿では、インターネットサイトにおける商品広報に焦点を当て、効果的な広報戦略を考察する。先日、筆者は、大手インターネットショッピングサイトの Amazon でヘッドフォンを買おうとした。何気なくサイトを開くと、タイムセールの見出しとともに大幅に割引された数々の商品が目に飛び込んできた。(B)**この商品広報にはどのような効果があるのだろうか。Kahneman & Tversky（1979）は人間の主観的価値と利益／損失の関係についてプロスペクト理論を提唱している。図1は同理論を模式的に示した図である。図1から、人間は利益を得るときに比べ、同じ大きさの損失を被るときの方がより大きな価値を失う**

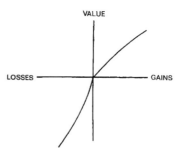

図1　主観的価値と利益／損失の関係 (p.279)

と感じる傾向があることがわかる。つまり、人間は利益を得ることよりも失うことにより注目して「損をしてしまった」と感じる生き物なのである。[(C)]**Amazon のタイムセールは、プロスペクト理論を応用した商品広報の一事例といえる。割引を適用する機会を制限することで、消費者に「このチャンスを逃したくない」という感情を喚起し、利益を失いたくない消費者の心理を利用している。だから、買うつもりのない商品も衝動的に買ってしまうのである。**インターネットショッピングにおける商品広報では、商品自体の広報に加え、消費者に「このチャンスを逃したくない」と思わせる広報戦略が効果的であるといえる。

参考文献

Kahneman, D., & Tversky, A. (1979). Prospect theory: An analysis of decision under risk. *Econometrica, 47* (2), 263-291.

❓ 引用がないと何が問題？

　「効果的な広報戦略」を論じるために、インターネットサイトにおける商品広報の具体例を挙げています。**太字（A）**では、普段の生活の中からエピソードを取り上げており、課題の「身近な例」としては適切です。しかし、具体例を挙げることに終始し、結局何が「効果的な広報戦略」なのかが引き出されないまま本文が終わってしまっています。課題は「効果的な広報戦略とはどのようなものか」と問うていますから、自分が示した具体例を説明する理論を示すと、より説得力のある文章となるでしょう。

❗ 引用して主張の理論的背景を説明すると…

　太字（B）で、Kahneman & Tversky（1979）の理論を引用しています。Amazon のタイムセールの商品広報事例が持つ効果を説明する理論です。

　さらに、**太字（C）**でもう一度事例に戻り、事例と理論の関係を説明しています。はじめは一事例であったものが、理論により捉え直され、さらに根拠付けられています。その結果、課題の「効果的な広報戦略とはどのようなものか」に対して、「インターネットショッピングにおける商品広報では、…消費者に『このチャンスを逃したくない』と思わせる広報戦略が効果的であるといえる。」と明確な結論を示すことができました。

8 話題を導入したいとき

課題：アメリカ合衆国では、「政府」はどのようなものであるか論ぜよ。

引用なし

「政府」の意味は人によって異なる。例えば、政府を責任という視点から定義しようとする人々は、責任がどうあるべきか、その責任を全うするためにどの程度の権力を認めるべきかという点において政府の役割を定める。今日のアメリカ政府は主に二つの巨大な政党により構成されている。伝統的に、共和党はより地域的なレベルで権力を行使することを推奨する一方で、民主党は連邦政府が国家を統制する権力を維持するべきであると考えている。

引用後

われわれは、以下の事実を自明のことと信じる。すなわち、すべての人間は生まれながらにして平等であり、その創造主によって、生命、自由、および幸福の追求を含む不可侵の権利を与えられているということ。(アメリカ独立宣言、1776、American Center Japan 訳)

これはアメリカ独立宣言の中でも最もよく知られた一節である。ここで述べられている権利は譲渡不可能であり、政府が守り、侵害すべきでないものである。この「政府」の意味は人によって異なる。例えば、政府を責任という視点から定義しようとする人々は、責任がどうあるべきか、その責任を全うするためにどの程度の権力を認めるべきかという点において政府の役割を定める。今日のアメリカ政府は主に二つの巨大な政党により構成されている。伝統的に、共和党はより地域的なレベルで権力を行使することを推奨する一方で、民主党は連邦政府が国家を統制する権力を維持するべきであると考えている (Patrick, Pious, & Ritchie, 1993)。

参考文献

American Center Japan「米国の歴史と民主主義の基本文書」https://american
centerjapan.com/aboutusa/translations/2547/#jplist

Patrick, J., Pious, R., & Ritchie, D. (1993). (Ed.), *The Oxford Guide to the United
States Government*: New York, NY: Oxford University Press.

❓ 引用がないと何が問題？

　「引用なし」の文章では、書き手は政府の意味について、自分の説明から書き始めています。文章自体に大きな問題はありません。しかし、こうした書き方は読み手には唐突に感じられます。

❗ 引用して話題を導入とすると…

　一方、アメリカ独立宣言の有名な一節の引用から始まる「引用後」の文章では、書き手は読み手の関心を上手に掴むでしょう。この一節を読むことで、読み手は、「政府」について何が語られるのだろうかと関心をもちます。この印象的な引用部分と次に続く書き手の主張とがどのようにつながっているのだろうと興味を持って読み始めることでしょう。このように、話題を導入とするために始めに引用することができます。

✔ 引用して話題を導入とするときの留意点

　アメリカ独立宣言は、一般的な参考文献と違い、文末の参考文献リストに掲載されていないことに気づくでしょう。こうした、よく知られているような公共性の高い資料は、参考文献リストに掲載しなくてもよいというルールがあります。その資料に著作権がないことや、インターネットで容易に検索可能だからという理由からです。ただし、文章中では他の資料を引用するときと同様の形式で書きます。参考文献リストに掲載する必要のない資料は、他にも次のようなものがあります。

　　　・憲法　　　　・判決文　　　　・聖書（版によって事情が異なる）

　こうした資料を引用する際には、自身の研究分野で特殊な引用ルールがないかを確認するようにしましょう。

9　異なる視点を示したいとき

課題：日本における外国人観光客増加の状況について論ぜよ。

引用なし

　日本政府が日本を訪れる海外からの観光客を増やそうとする中で、国内経済を発展させ、海外における日本の評判を上げる働きが期待できるのが「クールジャパン」計画である。**(A)2016年に海外から日本を訪れた人は、2404万人で、前年から21.8％の増加となった。そしてそれらの人々が消費した金額は合計で3.74兆円であった（日本政府観光局2019）。**日本政府は、この増加が様々な発展につながると試算している。日本の伝統文化が京都などの歴史的観光名所で海外の人々に実体験されるだろうと踏む。

引用後

　日本政府が日本を訪れる海外からの観光客を増やそうとする中で、国内経済を発展させ、海外における日本の評判を上げる働きが期待できるのが「クールジャパン」計画である。2016年に海外から日本を訪れた人は、2404万人で、前年から21.8％の増加となった。そしてそれらの人々が消費した金額は合計で3.74兆円であった（日本政府観光局2019）。

　しかしながら、国家レベルでの準備が不十分なまま多くの観光客を迎え入れると、どのような国であっても地方レベルで問題が起きるものである。**(B)海外からの観光客に人気のある京都も、この例にもれない。最近は、京都の住民は、公共交通機関が混みすぎて自分達が利用できなくなってきたと嘆く（Brasor, 2018）。**観光の時季がピークに達すると、大きなスーツケースを運ぶ人が道を塞いで困るという。

参考文献

Brasor, P. (2018, May 5). Japan is struggling to deal with the foreign tourism boom. Retrieved from https://www.japantimes.co.jp/news/2018/05/05/national/media- national/japan-struggling-deal-foreign-tourism-boom/#.

```
        W_4-Qi2B1
日本政府観光局（2019）「国籍／月別訪日外客数（2003-2019）」https://www.jnto.
  go.jp/jpn/statistics/since2003_visitor_arrivals.pdf
```

？ 引用がないと何が問題？

「引用なし」の文章では、書き手は、政府の立場だけから論じています。**太字**（A）で国土交通省の報告を使い、証拠を挙げている点はよいでしょう。しかし、単一の立場からだけではなく、複数の立場から論じることができれば、より主張が堅固なものとなります。どのような社会現象も、単一の視点から見ただけでは全体像を捉えたとは言えないからです。

！ 異なる視点を引用すると…

「引用後」の文章では、観光客の増加という一つの話題について、書き手は複数の視点から論じています。最初に挙げている文献は、国土交通省の白書です。この白書からの情報で、観光客の人数、増加率、観光客が使った金額が示されました。これらは、政府から見た、観光客増加によるプラスの成果です。二つ目の文献、**太字**（B）では、同じ話題を地域住民の視点から示しています。こちらは、住民の視点から見た、観光客増加の問題です。マイナスの点が指摘されています。このように複数の視点を取り上げたことによって、多角的にこの話題について検討することができました。後に書き手が自分の立場を示す際にも、様々な視点を検討した後の結論として示すことができるので説得的です。

✔ 異なる視点を引用するときの留意点

政府の視点を白書によって示すことは有効です。最新の APA 書式ガイドによると、政府刊行物は、文献の一つの種類とは見なされていません。白書は、書籍や専門分野の報告書などと同様に扱われます。政府刊行物は、著者が示されていない場合がほとんどで、機関名を記すことが一般的です。

APA書式

本｜論文

ウェブ

新聞｜辞書

政府

デジタル｜その他

10 問題点の解決策を示したいとき

課題：日本社会の問題点を一つ選び、解決策を示せ。

引用なし

　現在、日本は少子社会である。子供が少ない状態である。この状態を作っている背景の一つに、育児に対する支援が不足しているという問題がある。本稿では、育児に対する支援不足に対して二つの解決策を示す。それは保育ママと幼老複合施設である。まず、日本は保育ママという施設をもっと増やすべきである。[A]**フランスも、数年前に少子社会と呼ばれていたが徐々に解消された。保育ママが増えたからである。**次に、幼老複合施設の設置をすべきである。[B]**幼老複合施設を増やし、幼児と老人が施設を共有するとよい。**日本の少子社会の背景となっている育児支援不足は、保育ママと幼老複合施設を増やすことで解決される。

引用後

　現在、日本は少子社会である。子供が少ない状態である。この状態を作っている背景の一つに、育児に対する支援が不足しているという問題がある。本稿では、育児に対する支援不足に対して二つの解決策を示す。それは保育ママと幼老複合施設である。まず、日本は保育ママという施設をもっと増やすべきである。フランスも、数年前に少子社会と呼ばれていたが徐々に解消された。保育ママが増えたからである。[C]**現在フランスでは、保育ママの数が保育園より多い。しかも、保育園と同じ質を保証するために保育ママとして仕事をするには認可が必要である**（高崎、2018）。日本でもこのような保育ママが増えれば保育園を増やす必要がなくなる。次に、幼老複合施設の設置をすべきである。[D]**幼老複合施設とは、保育園と老人ホームを組み合わせた施設である**（武谷、2018）。しかも、幼老複合施設は親の子育て負担を減らすことが出来る。武谷（2018）は、次のように述べる。「若い世代の親だけではできない子育てを担ってもらえる。いろんな世代

の大人が関わることで、子育ての内容がより豊かになる」。日本の少子社会の背景となっている育児支援不足は、保育ママと幼老複合施設を増やすことで解決される。

参考文献

高崎順子（2018）「なぜフランスは少子化を克服できたのか。その理由は、日本とは全く違う保育政策だった」https://www.huffingtonpost.jp/2018/06/20/paris-hoiku_a_23463375/

武谷美奈子（2018）「老人ホームと保育園が一体となるメリットとは何でしょうか？」https://kaigo.homes.co.jp/qa_article/96/

❓ 引用がないと何が問題？

　太字（**A**）と**太字**（**B**）では、問題の解決策を示していますが、なぜその解決策が適切なのか分かりません。ただ保育ママを広げよう、幼老複合施設を増やそうと主張しても、説得力がありません。なぜなら、解決策が適切であるという説明あるいは証拠が示されていないからです。

❗ 解決策を引用すると…

　太字（**C**）では、フランスの状況を引用し、なぜ保育ママが少子社会の問題に対して適切な対策であるかの証拠としています。書き手は、フランスにも少子社会の問題があったこと、しかしそれを乗り越えたことを示しています。育児支援の不足に対する対策は、保育ママを増やすことに加えて、保育ママの質を保証したことであったと要約をしながら、フランスの事例を示したのです。このように、成果があった他の事例を示すと、読み手は納得しやすくなります。

　太字（**D**）では、次項で勉強する「概念の定義をしたいとき」での学習を生かしました。「幼老複合施設」は読み手にとって新しく聞く言葉かもしれないので、引用をして新しい言葉の説明をしました。

　そして、この施設がどのように少子社会という問題の解決に役立つかを、記事からの引用で説明しています。

11 概念の定義をしたいとき

課題：多元的知能理論をふまえて、学校教育において生徒の知能はどのように育成するのがよいか論ぜよ。

引用なし

　本稿では、身体運動知能に着目して、学校教育を考える。[A] **例えばダンスやスポーツが上手な人は、身体運動知能が高い人といえる。**こうした能力も、学校で育成すべきである。つまり、育成すべき知能は頭の中だけではない、身体も含まれる。そこで、本稿では、身体運動知能をもとに体育教育の実践について検討する。

引用後

　本稿では、身体運動知能に着目して、学校教育を考える。[B] **田中・小谷・本多（2011）は身体運動知能を次のように定義している。「自分の体の動きをコントロールでき、ものを巧みに使いこなせる知能である。スポーツをすることが好き、手で何かを作ることが好きな人はこの知能が優れている。」（p.10）。田中・小谷・本多の定義によれば、**ダンスやスポーツが上手な人は、身体運動知能が高い人といえる。こうした能力も、学校で育成すべきである。つまり、育成すべき知能は頭の中だけではない、身体も含まれる。そこで、本稿では、身体運動知能をもとに体育教育の実践について検討する。

参考文献
田中裕・小谷利子・本多佐知子（2011）「生活学科学生の多元的知能の分布と成績」『神戸山手短期大学紀要』54、9-17

❓ 引用がないと何が問題？

　太字（A）の「例えばダンスやスポーツが上手な人は、身体運動知能が高い人といえる。」という記述では、何を言おうとしているのかがよく分かりません。なぜなら、「身体運動知能」という語句が何を指しているのかが明確には分からないからです。専門分野の人は意味を知っているかも

しれませんが、専門分野以外の人が読者の中にいるかもしれない場合は、この語句の意味を説明する必要があります。特に、この文章では、「身体運動知能」という概念をもとに論を展開していくため、この概念はとても大切な概念です。

！ 概念の定義を引用すると…

　専門的な語句の定義を自分で行うことは難しいです。他の研究者が定義したものを自分の文章に取り入れると、確実な説明となります。**太字（B）**では、田中・小谷・本多（2011）の定義を引用しました。この定義では、「自分の体の動きをコントロールでき、ものを巧みに使いこなせる知能である。」という文で、どのような動きが「身体運動知能」に当てはまるのかが分かります。また、「スポーツをすることが好き、手で何かを作ることが好きな人はこの知能が優れている。」という文で、どのような人が身体運動知能の高い人かが分かります。こうした定義を引用し、それをもとに自分の論を進めると、明確な内容の文章となるしょう。

✔ 概念の定義を引用するときの留意点

　概念の定義は、学術的な文章を書くうえで大切な要素です。多くの場合、これから論じる概念について読み手にあらかじめ理解してもらうため、文章の始めの方で定義をします。その際、辞書や辞典に掲載されている定義は、社会一般に通用する定義です。学術的な論文では、より専門的な定義がなされています。

　専門的な概念ではなく、ごく一般的な概念であっても、文章の始めに定義をする場合があります。それは、特殊な意味で、あるいは特殊な範囲で概念を使う場合です。「本レポートでは、『書く』という概念を、実際に文字を書いている時ばかりでなく、何を書こうか考えている時も含めて使う。」、「本稿では、『御飯党』を一日三食とも御飯を食べる人に限定して使う。」などと断ります。

12 ある現象を 写真で証明したいとき

課題：オリンピックの理想について、開催中の出来事を例にして論ぜよ。

引用なし

　オリンピックは勝負が重要だと思われることが多い。しかし、オリンピックにはより深い意義がある。オリンピックとパラリンピックには、五つの教育価値観がある。すなわち、努力から得られる喜び、フェア・プレイ、他者への敬意、卓越性の追求、肉体・意思・精神のバランスである（国際オリンピック委員会）。これらの価値観は、オリンピック開催中、様々な場面で見られる。**(A)例えば、ある選手が怪我をしたときに、競争相手が競走中に止まってその選手を手伝うことがある。あるいは、よく見るのは試合の後に両チームの選手が握手する光景である。**このような事例は、オリンピックの教育価値観をよく示している。

引用後

　オリンピックは勝負が重要だと思われることが多い。しかし、オリンピックにはより深い意義がある。オリンピックとパラリンピックには、五つの教育価値観がある。すなわち、努力から得られる喜び、フェア・プレイ、他者への敬意、卓越性の追求、肉体・意思・精神のバランスである（国際オリンピック委員会）。これらの価値観は、オリンピック開催中、様々な場面で見られる。**(B)例えば、写真（図1）は、2016年の陸上競技中の一場面である。アビー・ダゴスティーノ選手が膝に怪我してトラック**

図1　2016オリンピック競技中に見られた
　　　オリンピックの教育価値観
出典　Nikki Hamblin (NZL) of New Zealand stops running during the race to help fellow competitor Abbey D'Agostino (USA) of USA, K. Pfaffenbach 撮影, 2016, https://www.abc.net.au/news/2016-08-17/nikki-hamblin-(nzl)-of-new-zealand-stops-running-during-the-race/7749958.

にお尻をつけてしまった。そこへ来たニッキ・ハンブリン選手が競走中に止まってアビー・ダゴスティーノ選手が立ち上がるのを手伝おうとしている。このような事例は、オリンピックの教育価値観をよく示している。

参考文献

Pfaffenbach, K.（写真家）(2016 年 8 月 16 日) *Nikki Hamblin (NZL) of New Zealand stops running during the race to help fellow competitor Abbey D'Agostino (USA) of USA*［画像データ］https://www.abc.net.au/news/2016-08-17/
国際オリンピック委員会「オリンピック価値教育の基礎（OVEP）」https://education.tokyo2020.org/jp/teach/texts/ovep/

❓ 引用がないと何が問題？

太字（**A**）の「例えば、ある選手が怪我をしたときに、競争相手が競走中に止まってその選手を手伝うことがある。あるいは、…」は、オリンピックでの出来事です。しかし、事例を二つ挙げているとはいえ、オリンピックを見たことがない読み手は場面を具体的に想像することができません。

❗ 写真を引用して現象を証明すると…

太字（**B**）では、2016 年の 5000 メートル走の写真を引用し、オリンピックの教育的価値観を示す事例を一つだけ挙げています。読み手は写真で実際の様子を見、さらに、文章中の説明により前後の状況も想像できます。

✔ 写真を引用するときの留意点

引用する写真は、報道写真や芸術としての作品ばかりではなく、彫像や絵画を紹介するための写真もあります。引用するときには、写されている種類（彫像、絵画など）と芸術家の肩書き（写真家、画家、彫刻家など）に気を付けます。

・文章の中では、写真の下に次の情報を書きます。

図○　写真についての記述、出典、写真の題、作者の名前、年、URL、著作権発生年、著作権者

・参考文献リストでは

作者の名前（作者の肩書き）、（撮影年月日）、写真の題［作品の種類］URL

13 これから分析する対象を見せたいとき

課題：日本のことわざを一つ選び、日本人の考え方について論ぜよ。

引用なし

「袖振り合うも多生の縁」ということわざがある。(A)「袖振り合う」というのは、すれ違いざまに袖が触れ合うようなという意味で、人々が着物を着ていたから生まれた表現である。「多生の縁」というのは、たくさんの生死を繰り返すなかでまさに縁があったのだという意味であろう。このことわざは、日本人が昔から「御縁」を大事にしてきたことを表している。すれ違いざまという偶然に思える出来事であっても意図された意味があるのだと捉える日本人の考え方がわかる。

引用後

「袖振り合うも多生の縁」ということわざがある。(B)『故事ことわざ辞典』によると、「知らない人とたまたま道で袖が触れ合うようなちょっとしたことも、前世からの深い因縁であるということ。」という意味である。また、同辞典では次の注釈を載せている。

> (C)人との縁はすべて単なる偶然ではなく、深い因縁によって起こるものだから、どんな出会いも大切にしなければならないという仏教的な教えに基づく。「多生」とは、六道を輪廻して何度も生まれ変わるという意味。「多生の縁」は、前世で結ばれた因縁のこと。「袖振り合うも他生の縁」とも書く。「袖擦り合う（擦れ合う・触れ合う）のも多生の縁」ともいう。（『故事ことわざ辞典』）

上の辞典によれば、「人との縁」は「単なる偶然」によるものではなく「前世で結ばれた」「深い因縁によって」起こるものだという。そしてそれは、「仏教的な教え」であるという。日本人は、よく「御縁があって」と言う。理由や経緯が説明できなくても「御縁だから」と納得する場合がよくある。この、何事も偶然ではなく起こるべくし

て起こるものだという仏教の輪廻思想は、日本人の心に浸透している。

参考文献

「袖振り合うも多生の縁」の項『故事ことわざ辞典』http://kotowaza-allguide. com/so/sodefuriaumo.html

❓ 引用がないと何が問題？

　資料から引用せずに、自分でことわざを解釈することは間違いというわけではありません。また、そのように課題で求められる場合もあるでしょう。しかし、何も調べないで書くと、**太字（A）**のように、多くの部分は推測で、あるいは自分の経験だけから書かれるために、説得力は弱まります。

❗ 分析する対象を引用すると…

　ことわざを解説する辞典はたくさんあるでしょう。その中の一つでも挙げると、少なくとも権威ある資料に基づいた記述をすることができます。この場合は、オンライン辞典です（**太字（B）**）。さらに、「注釈」の部分をブロック引用で見せ（**太字（C）**）、丁寧に解説しています。「〜であるという。」までが辞書の解説で、「日本人は、〜」からが自分の解説です。

✔ 分析する対象を引用するときの留意点

　辞典や事典から引用する場合、参考文献リストでは、見出し語を「〜の項」として先頭に示します。紙媒体の辞典なら、項のページを最後に明記します。辞典や事典の題は『　』で括ります。改訂を示す「版」は大切な情報で、題の『　』の中に記入しますが、初版の場合は不要です。編者が明記されている場合は、題の手前に明記します。著者が大勢いる辞典では、全員を参考文献リストに載せる必要はありません。ただし、項ごとに著者が明記されているものでは、先頭に項の著者名を出します。

例）梶田叡一（1996）「日本における教育評価の位置と機能」の項、東洋・梅本尭夫・芝祐順・梶田叡一編『現代教育評価事典』金子書房、pp.470-472

　なお、Yahoo 辞典のように、他の複数の辞典の情報を集めて作られている辞典の場合は、元の辞典に当たり、そこから直接引用しましょう。

14 動きや音を引用で示したいとき

課題：日本芸能の特徴的な表現について例を挙げて紹介せよ。

引用なし

　日本の代表的な伝統芸能の一つである歌舞伎には様々な特徴的な表現が見られる。最も有名なのは見栄を切る動きであるが、ここではあまり知られていない六方の動きを紹介する。六方は、役者が花道を通って舞台から引っ込むときに見られる動きである。役柄によってその動きは異なるが、囃子の音色に合わせて、役柄の個性に合った歩き方で舞台袖に出ていく。この歩き方を六方と呼ぶ。^(A)**六方の動きによって、言葉なくとも観客はその役柄の個性を感じ取れるのである。**

引用後

　日本の代表的な伝統芸能の一つである歌舞伎には様々な特徴的な表現が見られる。最も有名なのは見栄を切る動きであるが、ここではあまり知られていない六方の動きを紹介する。六方は、役者が花道を通って舞台から引っ込むときに見られる動きである。役柄によってその動きは異なるが、囃子の音色に合わせて、役柄の個性に合った歩き方で舞台袖に出ていく。この歩き方を六方と呼ぶ。例えば、^(B)**12代目市川團十郎が荒事の役を演じる、演目『鳴神』では、その力強さを観客に示すために、威勢の良い囃子の音色に合わせ、強く舞台を蹴りながら、飛ぶように両手足を激しく動かして花道を渡っていく（独立行政法人日本芸術文化振興会、00:25-00:30）。**こうした六方の動きによって、言葉なくとも観客はその役柄の個性を感じ取れるのである。

参考文献

独立行政法人日本芸術文化振興会「歌舞伎の表現」『歌舞伎への誘い―歌舞伎鑑賞の手引き―』［映像資料］http://www2.ntj.jac.go.jp/unesco/kabuki/jp/4/4_04_04.html

❓ 引用がないと何が問題？

　「引用なし」の例でも、「六方」の様子は読者に伝わります。太字（A）の「六方の動きによって、言葉なくとも観客はその役柄の個性を感じ取れるのである。」という説明からは、おおかたの様子が分かります。しかし、より正確に動きや音を伝えたい場合には、言葉だけでは限界があります。どのような「囃子の音色」なのか、「役柄の個性に合った歩き方」とはどのようなものか、言葉だけの記述からだけでは、想像することが難しいです。

❗ 動きや音を示す動画を引用すると…

　「引用後」の文章では、太字（B）で映像資料を示しながら、六方の動きを具体的に紹介しています。読者は、言葉による説明からだけでなく、映像を観ながら、「威勢の良い囃子」や「強く舞台を蹴りながら、飛ぶように両手足を激しく動かして花道を渡っていく」様子を理解することができます。このように、音や動きを説明したい場合には、映像資料の引用も効果的な方法です。

✔ 映像資料を引用するときの留意点

　映像資料を引用する時には、例文の「00:25-00:30」のように本文中に説明の対象となっている映像部分の再生時間を記します。併せて、参考文献リストでは［映像資料］と明記しましょう。こうすることで、読み手は参考文献リストの情報から映像資料にアクセスし、説明の対象となっている映像部分を実際に確認することができます。

15 文字化されていない 音声記録を引用したいとき

課題：大学生が身につけるべき語学力について自由に論ぜよ。

引用なし

　グローバル化が叫ばれる中、大学でも英語教育を強化する傾向が続いている。しかし、筆者はこの英語教育強化に反対である。むしろ、大学生は英語より母国語である日本語力を磨くべきである。なぜなら、日本人は日本語を用いて学び、考えることによって、これまで他国にない新しい文化を生み出してきたからである。(A)**以前、YouTube の動画でも、日本独自の発想を生み出す原動力は日本語にあると識者が話しているのを聞いたことがある。**したがって、大学は、今後のグローバル化を見据え、英語よりも、むしろ日本語力を伸ばすべきなのである。

引用後

　グローバル化が叫ばれる中、大学でも英語教育を強化する傾向が続いている。しかし、筆者はこの英語教育強化に反対である。むしろ、大学生は英語より母国語である日本語力を磨くべきである。なぜなら、日本人は日本語を用いて学び、考えることによって、これまで他国にない新しい文化を生み出してきたからである。(B)**母国語で考えることの重要性について鈴木（2014）は「人間っていうのは、母国語でないと力が出ないんです。…（中略）…新しいものがどんどん出てくる、湧き上がってくる源泉は日本人は日本語で考えてるんです。」(54:40-54:58）と話す。**鈴木が「母国語でないと力が出ない」と述べるように、日本人が「新しい」ものを生み出す「源泉」は日本語にあるのである。したがって、大学は、今後のグローバル化を見据え、英語よりも、むしろ日本語力を伸ばすべきなのである。

参考文献
鈴木孝夫［Kyoto-U OCW］（2014 年 3 月 24 日）「特別シンポジウム『グローバ

ル人材と日本語』鈴木孝夫（慶応大学名誉教授）」［映像資料］https://
www.youtube.com/watch?v=ZYzdwMRbkjA

? 引用がないと何が問題？

　太字（A）では、YouTube 動画で見聞きした情報を示して主張を補強
しています。しかし、過去の情報を思い出して書いているので、内容が抽
象的で曖昧になっています。また、「識者」とは具体的に誰なのか、信頼
できる人物なのかも不明です。こうした、文字化されていないが動画内で
語られている音声記録も、出典を示しながら取り入れるとよいでしょう。

! 文字化されていない音声記録を引用すると…

　太字（B）では、動画内で語られた音声記録を鍵括弧（「　」）に入れて
文字で示しています。「引用なし」に比べ、語られた内容がよく特定され
ています。また、誰がいつ語った内容なのかが出典から明らかです。

　YouTube などウェブ上の動画から引用する場合は、**太字**（B）のように、
文中では言語情報を鍵括弧に入れ、その後に動画の時間（分：秒）を示し
ます。また、文末の参考文献リストでは、次の書式に従って動画の情報を
示します。なお、発言者名が不明な場合には［発信者名］から始めます。
発言者名［発信者名］（年月日）「映像タイトル」［映像資料］URL

✔ 文字化されていない音声記録を引用するときの留意点

　文字化されていない情報とは、例えば、シンポジウムやインタビューの
動画等で音声としては記録されているものの、未だ紙面（あるいは、ウェ
ブサイト）上で文字化されていない情報を指します。

　また、ウェブ上の動画ではない映像作品を引用する場合、参考文献リス
トの書誌情報は次の書式が基本です。
原作者の姓名（原作）、監督の姓名（監督）（配給日）『映像タイトル』［映
　　　像資料］制作会社または配給会社名
例）野坂昭如（原作）、高畑勲（監督）（1988 年 4 月 16 日）『火垂るの墓』
　　　［映像資料］スタジオジブリ

16 引用箇所を自分で 翻訳したいとき

引用方法その

課題：ライティング・センターがどのような歴史を経てアメリカの大学で広まったかを論ぜよ。

翻訳なし

　ライティング・センターは、利用者が、レポートや論文などの文章について個別指導を受けられる支援機関である。添削はせず、書き手が自立するよう文章の診断法や修正法を指導し一緒に文章を直す。

　ライティング・センターの機能と価値をアメリカで初めて訴えたのは、ノースであった。ノース（1984）は、同僚たちがライティング・センターの機能を理解していないことを嘆き、次のように述べた。

(A)Nevertheless, their behavior makes it clear that for them, a writing center is to illiteracy what a cross between Lourdes and a hospice would be to serious illness: one goes there hoping for miracles, but ready to face the inevitable. (p.435)

ノースは、同僚たちがライティング・センターを「ルルド」という奇跡と「ホスピス」という絶望の交差点であるかのように捉えると嘆いた。そうではなく、書き手自身が主体となり、自らの力で文章をよくしていくところなのだと訴えた。ノースの、この焦燥に満ちた論文は注目を浴び、ライティング・センターの機能が全米に広まったのである。

参考文献

North, S. M. (1984). The idea of a writing center. *College English 46* (5), 433-446.

翻訳後

（一段落目は同じ）

　ライティング・センターの機能と価値をアメリカで初めて訴えたのは、ノースであった。ノース（1984）は、同僚たちがライティング・センターの機能を理解していないことを嘆き、次のように述べた。

^(B)[ライティング・センターを理解しない同僚たち] は、ライティング・センターを次のように捉えている。彼らの態度を見ていると明らかである。ライティング・センターは、重篤な病を患っている者が、ルルド [少女が祈るとマリア様が出現し母親の病気が治ったという泉] へ行くが、そこはホスピスになるかもしれないと分っているようなもの。すなわち、文盲の者が奇跡を求めてライティング・センターに行くが、回復不可能であることに直面する覚悟もできている―そのようなところだと。(p.435、筆者訳)

ノースは、同僚たちがライティング・センターを「ルルド」という奇跡と「ホスピス」という絶望の交差点であるかのように捉えると嘆いた。…

参考文献

North, S. M. (1984). The idea of a writing center. *College English 46* (5), 433-446.

❓ 翻訳なしだと何が問題？

英語を読まない読者は、肝心の引用箇所が理解できません（**太字（A）**）。すると、日本語で書かれている解釈も、理解できないでしょう。

❗ 引用箇所を翻訳すると…

日本語で書く論文は、基本的には全箇所を日本語で書きます。他の言語で書かれ翻訳されていない文献を引用したい場合は、自分で翻訳します。

✔ 引用箇所を翻訳するときの留意点

書き手の意図を読みとり正確に翻訳します。自信がなければ母語話者などに確認をとります。[ ] は、文章を書いた人が加えた説明であるという断りごとです。**太字（B）** の最初の [ ] は主語を補足し、次の [ ] は内容の補足説明です。翻訳する場合は、言語を替えるだけでなく、こうした補足説明が必要かどうかも考えます。翻訳した後、「（筆者訳）」または「（○○訳）」「（訳は○○）」などと断ります。

どのような語句を使って著者が論じているかが重要な場合は、引用箇所の原文を注で示す場合があります。また、本文に両方を示すこともできます。その場合は、どちらの言語を先に示すかを状況に応じて決めます。

17 複数の文献を紹介したいとき

引用方法その

課題：卒業論文「流行したJ-POPで、歌詞が感動にどのように関連しているか」の先行研究章を書く。

引用なし

(A)**音楽を聴いて起きる感動には、様々な要素があるだろう。例えば、メロディー、リズム、構成が思い浮かぶ。**(B)**とりわけ、歌詞には、感動を呼び起こす力がありそうである。歌詞は実際に、どのように人の心を動かすのだろうか。**

引用後

音楽を聴いて起きる感動には、様々な要素がある(C)(**ボール2011、藤本2000、川上ほか2005**)。とりわけ、歌詞には、感動を呼び起こす力がある(D)(**阿久1999、生内2015、田村ほか1998、森2010、森ほか2008、山崎2017**)。歌詞は実際に、どのように人の心を動かすのだろうか。森（2010）は、「歌詞は音楽の印象に対してよりも、音楽が喚起する情動に大きな影響を及ぼす」（p.135）と指摘する。生内（2015）は、流行歌の歌詞と日本経済の状況は関連すると分析する。

参考文献

阿久悠（1999）『歌謡曲って何だろう』NHK人間講座7月-9月、日本放送出版協会

川上愛、中村敏枝、河瀬諭、安田晶子、片平建史（2005）「音楽聴取時の感動と性格特性の関係について」日本認知心理学会第3回大会『日本認知心理学会発表論文集』1-10

生内雄基（2015）「流行歌歌詞と日本経済」『早稲田社会科学総合研究　別冊2014年度学生論文集』113-122

田村和紀夫、鳴海史生（1998）『音楽史17の視座　古代ギリシャから小室哲哉まで』音楽之友社

藤本知佐子（2001）「音楽と感動―感動に迫るための理論の整理―」早稲田大学史学会『史観』141-143

ボール・フィリップ（Ball, Phillip）（2011）『音楽の科学―音楽の何に魅せられるのか？―』夏目大訳、河出書房新社

森数馬、中村敏枝、安田晶子、正田悠 (2008)「演奏音の印象に及ぼす歌詞の影響について―演奏音と歌詞の相乗作用―」『日本心理学会第71回大会発表要旨集』1005

森数馬 (2010)「日常の音楽聴取における歌詞の役割についての研究」大阪大学大学院人間科学研究科編『対人社会心理学研究』10, 131-137

山崎昌 (2017)「ポピュラー音楽の歌詞における意味内容の変化―音韻論とメディア論の観点から」『人間学研究』17, 1-12

❓ 文献が示されないと何が問題？

すべてが推測で書かれています（**太字**（A）,（B））。独断で書いている文章だという印象を読者に与えてしまうでしょう。また、過去に同様の関心で行われた研究があるのかどうかも不明です。

❗ 複数の文献を紹介すると…

太字（C）では三つ、（D）では六つの文献が（　）に紹介されています。この領域で過去に発見された事柄と、その事柄に言及している文献がいくつ存在するか示せたことになります。過去の文献をふまえているので、学術的な文章となりました。後に各文献内容を詳しく説明するかもしれませんが、このように先に紹介だけしておくと、一瞥してどんな人がどの年代に成果を出したのかが読者に分かります。学説が固まっていない領域では、何年にわたって議論がなされてきたかも示すことになります。

✔ 複数の文献を紹介するときの留意点

括弧の中には、いくつ文献を挙げても構いません。代表的な文献だけ、あるいはすべてを網羅します。十数個挙げている論文をみることもあります。ここでは、その存在だけを示しておくのです。これらの中から特定の文献を取り上げて後で詳しく解説することができます。その場合は、その文献が2回以上登場することになります。

挙げている文献を括る言葉に注意しましょう。括弧の中のすべての文献を括る説明になっているかをよく確認します。括弧の中の文献を挙げる順序は、APA書式ではアルファベット順です。日本語で書かれた論文では五十音順となります。

18 全集に載っている手紙を 引用したいとき

課題：芥川龍之介が塚本文（ふみ）と結婚した経緯を説明せよ。

入手できない文献を引用

芥川龍之介と塚本文との結婚は、芥川の文への強い想いが実った結果であった。独身時代、芥川は文へ恋文を何通も送った。見合い結婚が常であった当時において珍しいことである。芥川が大正6年、文に宛てて書いた恋文の一部である。

> 僕が文ちゃんを何よりも愛していると云う事を忘れないで下さい。そうして時々は僕の事を思い出して下さい。僕は今みじめな下宿生活をしています。しかし文ちゃんと一しょになれたら、僕は僕に新しい力の生まれる事を信じています。そうすれば僕は何も怖いものがありません。[A] **（芥川、1917）**

芥川は「文ちゃんを何よりも愛している」と恋心を率直に表現している。また、「文ちゃんと一しょになれたら、僕は僕に新しい力の生まれる事を信じています。」という表現から真に好きな人と添いたいと思っていたことがうかがえる。この猛烈な求愛の末、二人の結婚は成就したのである。

参考文献
[B] **芥川龍之介（1917）塚本文への書簡**

手元の文献を引用

芥川龍之介と塚本文との結婚は、芥川の文への強い想いが実った結果であった。独身時代、芥川は文へ恋文を何通も送った。見合い結婚が常であった当時において珍しいことである。次は、『芥川龍之介全集』に掲載されている、大正6年に芥川が文に宛てて書いた恋文の一部である。

> 僕が文ちゃんを何よりも愛していると云う事を忘れないで下さ

い。そうして時々は僕の事を思い出して下さい。僕は今みじめな下宿生活をしています。しかし文ちゃんと一しょになれたら、僕は僕に新しい力の生まれる事を信じています。そうすれば僕は何も怖いものがありません。[C]（芥川、1978、p.31）

芥川は「文ちゃんを何よりも愛している」と恋心を率直に表現している。また、「文ちゃんと一しょになれたら、僕は僕に新しい力の生まれる事を信じています。」という表現から真に好きな人と添いたいと思っていたことがうかがえる。この猛烈な求愛の末、二人の結婚は成就したのである。

参考文献

[D]芥川龍之介 （1978）『芥川龍之介全集　第10巻　書簡』岩波書店

❓ 入手できない文献を出典として挙げると何が問題？

太字（A）「（芥川、1917）」は、引用されている手紙を示しています。**太字**（B）は、そのリストです。どちらも、年号は、芥川が手紙を出した時になっていますが、この示し方だと、文章の書き手が芥川の手紙を手元に置いてそこから引用したと表してしまいます。しかし、実際には、この手紙は手に取って見ることができません。出典の挙げ方が不適切です。

❗ 手元にある文献を出典として挙げると…

この手紙は、『芥川龍之介全集』に収められています。このように、資料を直接手に取って見ることができない場合は、それが収められている別の文献から引用します。そして、実際に手元で見た文献を出典として挙げるのです。**太字**（C）「（芥川、1978、p.31）」は、全集の31ページにこの手紙が載っていることを示しています。**太字**（D）は、そのリストです。

✔ 手紙を引用するときの留意点

手紙など、原本が一つしか存在しない歴史的資料は、それらをまとめた全集やデータベースから引用することが可能です。ただし、全集やデータベースの書誌情報を参考文献リストで必ず明記するようにしましょう。

この全集では手紙のことを「書簡」と呼んでいます。

孫引きしてはいけないとき

課題：よい授業とはどのようなものか、論ぜよ。

悪い孫引き

　よい授業とはどのようなものか。阿部（2018）は、教師の、以下のような行動を勧める。

　　[A]**斎藤喜博は、「教育や授業においては『見える』ということはある意味で『すべてだ』といってもいいくらいだ」と言っている**。「見える」は、学習者の状況を把握することである。例えば、学習者が話を聞いて理解できているかその表情から読み取る、あるいは、ノートに自分の考えを書いているところに机間指導をし、誰がどのような考えをもっているかを把握する。これが子どもを見ることである。(p.18)

阿部は、「表情から読み取」ったり「机間指導」をしたりして「学習者の状況を把握すること」を強調する。…

参考文献

[B]**阿部藤子（2018）「授業と教師」阿部藤子・益地憲一編著『小学校国語科教育法』建帛社、pp.11-21**

引用後

　よい授業とはどのようなものか。[C]**斎藤（1969）は、『教育学のすすめ』の中で「教育や授業においては［子どもが］『見える』ということはある意味で『すべてだ』といってもいいくらいだ」（p.172）**と述べた。阿部（2018）は、[D]**斎藤に賛同しながら**、教師の、以下のような行動を勧める。

　　「見える」は、学習者の状況を把握することである。例えば、学習者が話を聞いて理解できているかその表情から読み取る、あるいは、ノートに自分の考えを書いているところに机間指導をし、誰がどのような考えをもっているかを把握する。これが

　　子どもを見ることである。(p.18)

阿部は、「表情から読み取」ったり「机間指導」をしたりして「学習者の状況を把握すること」を強調する。…
参考文献

阿部藤子（2018）「授業と教師」阿部藤子・益地憲一編著『小学校国語科教育法』
　　　建帛社、pp.11-21
(E) 斎藤喜博（1969）『教育学のすすめ』筑摩書房

？ 引用部分に他の引用が入ったままだと何が問題？

　自分で手に取って読める文献を、他の著者の引用の中に入れたまま使うことは、孫引きと呼ばれます。孫引きは、双方の文献にあたることができる場合は、避けなければいけません。**太字（A）**では、阿部が斎藤を引用している文章をそのまま引用して使っています。そして、**太字（B）**で、参考文献として阿部の書籍を挙げています。この書き方だと、斎藤がどのような文脈でこの部分を述べたかという確認をせずに使うことになり、適切かどうか分かりません。確認を怠った文章だと見なされてしまいます。

！ 自分で文献にあたって直接引用すると…

　斎藤の書籍は、現存し手に取って見られるものですから、自分で内容を確認し、その上で、直接引用します（**太字（C）**）。さらに、**太字（D）**で「斎藤に賛同しながら」という説明を加え、阿部と斎藤のつながりを示すことができました。リストでは、双方を個別に示しました（**太字（E）**）。

✔ 孫引きを避けるための留意点

　文献の中で引用されている文献には直接あたり、そこから引用します。
　けれども、孫引きをする必要がある場合があります。元の文献が手に入らないとき（古くて絶版である、貴重な資料で非公開である）には、その文献を引用している他の文献を引用してよいのです。また、ある人が他の人の記述をどのように分析しているかを見せたいときも、孫引きをします。この場合は、参考文献リストには、元の文献を載せる必要はありません。

課題：日本の高齢社会における話題を一つ選び、論ぜよ。

「終活」をする意味

―今を豊かに生きる―

　「終活」という言葉がよくメディアで聞かれる。尾上は、「終活」という言葉が初めてメディアに現れたのは 2009 年の『週刊朝日』のコラムであったと指摘する（尾上、2015、第 1 章）。以来、「終活」という言葉を耳にすることは、珍しいことではなくなってきた。楽天インサイトの終活に関する調査によると、96.6 ％の人々が「終活」という言葉を聞いたことがあるという（終活に関する調査、2018）。本稿では「終活」という言葉のイメージと「終活」することの目的を論じる。

　数年前まで、「終活」は誰かが死に近づいたときに行われる活動と考えられていた。それは、一つには、「終」という漢字を使用すると何かの終わりだと考えられるためである。別の理由としては、マス・メディアが最初に「終活」という言葉を作り出したときに葬儀と墓と同時に語っていたからである。しかし、「終活」という言葉のイメージは変化しつつある。マス・メディアも終活団体も、よりポジティブなイメージを作り出そうとしている。例えば、終活カウンセラー協会は次のように説明する。

　　　　終活とは、平成 21 年に週刊朝日が造った言葉で、当初は葬儀や墓など人生の終焉に向けての事前準備のことでしたが、現在では「人生のエンディングを考えることを通じて"自分"を見つめ、"今"をよりよく、自分らしく生きる活動」のことを言います。

このように、「終活」という言葉の定義は広くなった。つまり、現在では、「終活」は死や墓を指すだけではなく人生の終わりへのプロセスを意味する言葉になった。

　「終活」の定義が広くなった影響で、終活することの目的も変わってきた。尾上（2015）は現代の「終活」の定義をもとに、次のように終活の目的を説明する。「とにかく終活の最大の目的は、今をどう楽しく、生き生きと暮らすかを最初に考えることなんです。」（尾上、第 1 章）。つまり、現代の終活の目的は、死の準備のためだけではなく、今からの人生のためなのである。その証拠に、「終活」には様々な活動がある。例えば、生前整理や自分史の執筆、また今からの人生で

やりたいことを考えるのも「終活」である。一条（2014）は終活の目的について、次のように述べる。

> 終活には、あなたの「死ぬ前」の人生を豊かにしてくれるというメリットがあります。例えば生前整理をすることで、自らの人生を振り返ることができます。心の浄化とでもいう行為です。現状を受け入れるためには、自分の過去を知ることは大切です。感謝の気持ちが自然にわいてくるはずです。また断捨離をすることで、「すっきりした」という言葉も聞きます。（中略）実は終活とは、自分の最期（終い方）であると同時に、死を迎えるまでいかに生きるか、充実した人生にするか、ということでもあります。（一条、p.35）

つまり、「終活」という活動をすると、今までの人生と今からの人生について考えることになる。それは、死の準備でもあり、これからの人生をさらに良くすることでもあるという、「終活」の現代の定義なのである。

　要するに、昔と現代とでは、「終活」という言葉の定義もその目的も変わり、「終活」という活動は死と現在のための活動となった。「死ぬ準備」だけを指すというのは誤解なのである。最も重要なのは、「終活」が今をより豊かに生きるための活動だという点である。「終活」をすることで、過去を振り返り、現在の生活を整理し、未来のことを考えることができるのである。「終活」は人生での重要な活動であり、本人とその家族にとって、大事な活動である。

参考文献

一条真也（2014）『決定版　終活入門』実業之日本社
尾上正幸（2015）『本当に役立つ「終活は」50問50答』キンドル版、翔泳社
終活に関する調査（2018年8月15日）https://insight.rakuten.co.jp/report/20180215/
終活カウンセラー協会「終活とは」https://www.shukatsu-fesuta.com/shuukatsu/index.html

＊キンドル版の本を本文で参照する場合、引用箇所を読者が特定できるよう、APA書式では、章または節または段落を書きます。MLA書式では、第3章3節を参照してください。

//////////// 第 3 章 ////////////

引用の方法

MLA・シカゴ・IEEE書式で

なぜ書式が定められているのか

1 引用のさまざまな書式

　第３章では、「引用」を書式という観点から考えます。

　学術的な文章のうち、学会が発行している論文集（英語では「ジャーナル」と呼びます）が、研究としては最も高い価値を有していると、第１章で確認しました。とりわけ、査読付きの論文は、その分野に精通している人が審査した上で冊子に掲載されているので、確実に価値が高いと認められます。このような論文集の多くは、書式を定めています。したがって、論文を書いて学会に投稿しようとする者は、書式にしたがって原稿を執筆し、提出します。

　書式は、学問分野によっておおかた特徴があります。世界中には、よく知られている書式がいくつかありますが、本書では、それらのうちの特徴が大きく異なる四つを取り上げて実例を示しています。第２章では、すべての例を APA 書式で示しました。第３章では、MLA 書式、シカゴ書式脚注方式、IEEE 書式を取り上げます。

▼ APA 書式（「エイ・ピー・エイ」と読みます。）

　主に、社会学系の分野で使われる書式です。経済、商、教育、文化人類学、心理、医療などの分野で使われます。本文中に括弧で出典を示します。

▼ MLA 書式（「エム・エル・エイ」と読みます。）

　主に、文学や文芸の分野で使われる書式です。本文中に括弧で出典を示します。

▼シカゴ書式脚注方式

　主に、哲学、思想、歴史などの分野で使われる書式です。出典をすべて注で示す方式です。シカゴ書式には二つの方式があります。脚注方式と著者年方式です。著者年方式は APA 書式と似ているため、本書では、脚注

方式のみを扱います。

▼ **IEEE 書式**（「アイ・トリプルイー」と読みます。）
　主に工学分野で使われる書式です。本文中に出典を示します。

2 書式が定められる意義

　なぜ分野によって書式が定められているのでしょうか。

　それは、読者の効率を考えてのことだといわれています。人類が積み上げてきた研究成果は、年々その数を増してきました。学術的な書籍や論文は、研究者の増加、研究の多様化に伴い、数が増えていきます。また、インターネットが登場して電子的に研究成果が保管されるようになると、共有される論文の数が爆発的に増えました。近年は学際的な研究（多分野、多領域にまたがる研究）が増えているので、一人の研究者が読まなければならない論文の数は、ますます多くなっています。

　研究論文は人類にとっての新しい発見を記す場ですから、研究者は、先行する研究に目を通す必要があります。そうしなければ、自分がこれから追究しようとしている研究内容が新しいものであるかを確認することができません。ですから、自分の研究を始める前に、その領域で先行する論文すべてに目を通すのです。他の研究者が書いた論文を読む際に、どのような内容がどの章に書かれてあるかに関して一定の約束があれば、効率よく論文を読むことができるでしょう。例えば、同じような研究対象を扱った論文が、検索により 20 編見つかったとします。この、同じ研究対象を扱った研究の 20 編のなかで研究の問いがどのように異なるかを見ようと思ったならば、20 編の論文の序章だけを開けば調べがつきます。序章には、必ず研究の問いが書かれている、という約束があるからです。あるいは、同じ研究目的を追究している研究がどのような方法でその目的を遂行したかは、20 編の論文の研究方法の章だけを読めば分かります。

　1990 年代の話になりますが、私が博士課程の院生だったときに、次のようなやりとりが研究雑誌上で行われました。書式がなぜ存在するかを、院生であった自分にもよく理解できた出来事だったので紹介します。その論文雑誌は、教育分野のもので、APA 書式で論文の投稿を指示していまし

た。そこへ、文化人類学を専攻する博士課程の院生から次のような内容の投稿がありました。この論文雑誌は、文化人類学も扱っているため、論文をAPA書式で書くことが求められる。しかし、文化人類学の研究成果は、APA書式では書きにくい。とりわけ、章の立て方が文化人類学には合わない。APA書式に当てはめて書くと、書きにくいばかりでなく、文化人類学のよさが失われてしまう。この雑誌に投稿する文化人類学系の論文は、自由な書式で書くことを認めてほしい、というような内容でした。これに対し、著名な学者であった編集委員長が、次号に次のような回答を載せました。たしかに文化人類学は、APA書式とは異なる論法で研究を進めていく。APA書式では成果が発表しにくいという不満は理解できる。しかしながら、論文雑誌がもつ性質を考えると、文化人類学系の論文だけ異なる書式を用いてよいと許可することは、妥当な判断とはいえない。論文雑誌は、研究者同士のコミュニケーションの場だからである。書式を共有するということは、お互いに研究成果を読み合い、学び合い、批判し合うために必要な手続きである。文化人類学系の論文を投稿する人は、少し不便を感じるかもしれないが、その論文がより多くの人に読まれるというプラスの側面もあることを考慮して投稿してほしい、とあったのです。

　このやりとりは、院生であった自分にはたいへん勉強になりました。論文を発表するという行為は、自分の勉強の成果を発表するためばかりでなく、研究者同士がコミュニケーションをする場なのだと知ったからです。お互いの仕事を効率よく読み合うことによって、領域で何がどこまで解明されたかを容易に把握することができるのです。そうすれば、すでに行われた解明を繰り返したり、まだ解明されていない点を前提にした研究目的を立てたりすることを避けることができます。そして、自分がこれから取り組む研究が、領域全体のどこに位置するものであるかを明確に把握することができます。つまり、研究というものは、分野全体で進めていくものであり、それゆえに、人類にとって新しい知識を蓄積していくという使命が達成できるのです。

3 書式の規定に沿って書く

　こうした研究の意義を踏まえて、書式はそれぞれの分野で約束が定めら

れています。皆さんが、投稿論文を学会誌に送ることを目指しているのであれば、学会誌の書式の規定にしたがって論文を書きましょう。これから大学院や大学に論文を提出することを目指しているのであれば、その大学院や大学で定められた書式に従いましょう。研究室で独自に書式を定めている場合もあります。

　また私事で恐縮ですが、アメリカで博士論文を大学院に提出した時の書式のチェック体制は、感動に値しました。口頭試問を通過した博士論文は、すべて書式のチェックを終えないと大学院に受け取ってもらえないのです。私は、博士論文を APA 書式で書きました。建物の中には APA 書式チェックの窓口があるのです。そこへ博士論文を提出すると、すべてのページに赤を入れて数日後に戻してくれます。APA 書式の専門家が、大文字か小文字か、コロンかセミコロンか、斜め字かどうかなど、数百ページの一行一行を見て確認してくれるのです。指摘をすべて反映させた修正論文を再度チェックしてもらい、「APA 書式で書かれている。」という証明書が発行されました。この証明書と一緒に博士論文を提出して初めて受理されるという体制でした。

　書式の約束事は細かい事項に及び、またたくさんあるので、覚えるのは大変と思うことでしょう。しかし、一端身に付けてしまうと、規定に沿っていない論文がとても読みづらく感じられるようになります。すなわち、コミュニケーションがスムーズにいきません。ということは、書式を身に付けている程度で、自分の学術的な経験の深さやレベルが判断できるといっても過言ではないかもしれません。自分の学術的な経験の深さやレベルのバロメーターだと考えて、書式を学ぶようにしましょう。

❹ 英語と日本語の書き方の違い

　なお、書式の規定が英語で書かれており、それを日本語に置き換えると書き方に幅が出てしまうという点を念頭に置いてください。例えば、英語で発表されている書式ガイドには「2019」とあっても、日本語の書式では「2019」でも「2019 年」でもよいことになります。あるいは、英語の文献リストでは、著者、年、題、出版社の後にすべてピリオド（.）を付けますが、日本語では、それらの項目を「、」で区切ったとしても最後に

は「。」を付けないというリストも認めることになります。

　逆に、英語の書式に比べて、日本語書式では幅がなくなるという項目もあります。名前における姓名の順が、その例です。英語の書式では、姓と名を示す順序が厳密に決められていますが、日本語では、常に姓名の順で書くことになります。出版社の表記も日本語の方が単純です。英語では、街の名前と、アメリカならそれに加えて州を明記しますが、日本語では出版社名だけを書きます。

　このように、書式の規定は、英語を日本語で置き換えた場合には書き方に幅が出たり幅が狭まったりしますが、いずれにせよ、一編の文章中で統一されていることが重要です。規則に一貫性があれば、読者には読みやすい学術的な文章となるでしょう。

⑤ 書式に関するガイドブックやサイト

　ここでは、本章で紹介した四つの書式に関するガイドブックやサイトの一部を紹介します。それぞれの書式に沿って書き出しました。書式は、他にも数多くあります。本書ではそのすべてに言及することができませんでしたが、自分の領域に合わせて書式を選び、身に付けるようにしましょう。

▼ APA 書式

American Psychological Association. (2019). *Publication Manual of the American Psychological Association: The Official Guide to APA Style* (7th ed.). Washington DC, American Psychological Association.

American Psychological Association. *APA Style*. https://apastyle.apa.org/

アメリカ心理学会（2011）『APA 論文作成マニュアル 第 2 版』前田樹海、江藤裕之訳、医学書院

▼ MLA 書式

The Modern Language Association of America. *MLA Handbook*, 8th Ed. Modern Language Association of America, 2016

Modern Language Association of America. *The MLA Style Center*. https://style.mla.org/mla-format/

長尾和夫監訳『MLAハンドブック 第8版』、フォースター・紀子、トーマス・マーティン訳、秀和システム、2017

▼シカゴ書式

The University of Chicago. *The Chicago Manual of Style* 17th ed. Chicago: The University of Chicago Press, 2017.

The University of Chicago Press, *The Chicago Manual of Style Online*. https://www.chicagomanualofstyle.org/home.html

トゥーラビアン・L・ケイト（Turabian, L. Kate）『シカゴ・スタイル研究論文執筆マニュアル』沼口隆、沼口好雄訳、慶應義塾大学出版会、2012

Turabian, L. Kate, Edited by Wayne C. Booth, Gregory G. Colomb, Joseph M. Williams, and Joseph Bizup. *A Manual for Writers of Research Papers, Theses, and Dissertations: Chicago Style for Students and Researchers (Chicago Guides to Writing, Editing, and Publishing)*. Chicago: The University of Chicago Press, 2018.

▼ IEEE 書式

Institute of Electrical and Electronics Engineers. *IEEE Editorial Style Manual*. [Online]. Available: https://www.ieee.org/content/dam/ieeeorg/ieee/web/org/conferences/style_references_manual.pdf

1 MLA書式で、絵画を事例として主張を支えたいとき

課題：授業で学んだ画家を一人選び、その画家と後期印象派や原始主義運動の関係を論ぜよ。

引用なし

　フランスの芸術家ポール・ゴーギャンは、後期印象派として有名である。ゴーギャンの絵画、彫刻、陶芸、版画の作品群からは、後期印象派や原始主義運動の影響を見ることができる。[A]**例えば、絵画『説教のあとの幻影』では、色の使い方と、物の不自然なサイズが目に留まる。**ゴーギャンの芸術作品では、色彩と構図の特徴から、後期印象派や原始主義運動の影響を見ることができるのである。

引用後

　フランスの芸術家ポール・ゴーギャンは、後期印象派として有名である。ゴーギャンの絵画、彫刻、陶芸、版画の作品群からは、後期印象派や原始主義運動の影響を見ることができる。[B]**例えば、絵画『説教のあとの幻影』（図1）からは後期印象派の特徴が見られる。この絵画では、色彩によって強いコントラストを表現し、不調和な世界を描いている。絵画の右側では、ヤコブが天使と格闘している。左に目を転じると、女性たちが膝をついて正面の牛に祈りを捧げている。しかし、その牛は女性たちに比べ不自然に小さく平面的に描かれている。また、ゴーギャンは緑に描かれるはずの草原を鮮やかな赤で描くことで自然な調和を壊している。このように、ゴーギャンの芸**術作品では、色彩と構図の特徴から、後期印象派や原始主義運動の影響を見ることができるのである。

図1　ゴーギャン，ポール．「説教のあとの幻影」［絵画］1888　スコットランド王立美術館、エジンバラ．

引用文献

ゴーギャン，ポール「説教のあとの幻影」［絵画］1888　キャンバスに油彩　72.20×91.00cm、スコットランド王立美術館、ウェブ2020年1月20日、画像データ

❓ 引用がないと何が問題？

太字（A）では、ゴーギャンの絵画『説教のあとの幻影』を紹介しています。しかし、絵画の名称を述べているのみで、絵画そのものが示されていません。読み手には、なぜこの絵画がここで重要なのかわかりません。また、絵画のどこに注目すべきかもわかりません。これらの疑問から、読み手は、絵を別の資料から探さなければならないでしょう。有名な絵画や写真であっても、引用することが必要です。

❗ 絵画を引用して主張を支えると…

太字（B）では、まず、絵画が文章のどこにあるのかを「（図1）」として伝えることができました。さらに、絵画に描かれている場面を詳しく記述しました。特に、色のコントラスト、人物のサイズ、不自然な構図という注目点を指し示し、この絵画の特徴を解説しました。これにより、ゴーギャンが後期印象派の芸術家であるという主張を具体的に示すことができました。

芸術作品や映画の一場面などに関する主張は、抽象的になりがちです。その抽象的な主張内容を読み手に誤解なく伝えることは簡単ではありません。このような時、具体的なイメージを引用して主張を支えると効果的です。引用して読み手と共有することにより、二つの効果が期待できるでしょう。一つは、読み手が主張内容を視覚的に理解できるという効果です。もう一つは、読み手が、示されたイメージをもとに主張内容を評価できるという効果です。

✅ 絵画などを引用するときの留意点

絵画や映画の一場面などのイメージを事例とするときには、それを本文中に引用します。その際に、「図1」「図2」「図3」のように、図に番号を付けます。そうすると、読み手は、読み進めながら同時にイメージを見、説明についていけます。図には、それぞれ図の題も書き入れます。

それぞれのイメージについて解説する際には、着目してほしい箇所を具体的に指し示しながら説明をすると、主張がよく伝わります。

文献リストでは、MLAでは「引用文献」と中央寄せで見出しを付けます。そして、芸術の場合はその種類を［　］に入れて示します。

MLA書式で、同一作家による複数の作品を引用したいとき

課題：詩人を一人取り上げ、詩人の生活信条と詩人の作品とがどのように結びついているかを論ぜよ。

　宮沢賢治は、1886年に岩手県花巻市で誕生した。賢治は、敬虔な仏教徒であり、また菜食主義を貫いた。こうした賢治の生活信条は、彼の多くの作品に表れている。仏教と菜食主義の双方が反映されている作品としては、有名な詩「雨ニモマケズ」を挙げることができるだろう。どんなに困難なときであっても負けないようにと読者に語ったあと、詩は次のように続く。

> …慾はなく
> 決して瞋らず
> いつもしずかにわらっている
> 一日に玄米四合と
> 味噌と少しの野菜をたべ
> あらゆることを
> じぶんをかんじょうにいれずに…[A] **（雨ニモマケズ、328）**

宮沢は、読者に、欲望と怒りを収め、他のために為すことを優先させるよう説く。三つは仏教の境涯である。中ほどでは、玄米と味噌と野菜という食生活を示し、魚はおろか肉にも言及していない。宮沢の他の作品「注文の多い料理店」では、猟に出かけた二人の男が、腹をすかせて入った料理店で、たくさんの注文をされる。[B]**「お客様がた、ここで髪をきちんとして、それからはきものの泥を落としてください」（注文の多い料理店、48）** などの注文である。実は自分たちが食われそうになるという物語である。肉食を皮肉った作品であろうか。「ビジタリアン大祭」においては、「ビジタリアン」という題からして宮沢の菜食主義が想像される[C]**（ビジタリアン大祭）**。

引用文献

宮沢賢治「雨ニモマケズ」『新編宮沢賢治詩集』中村稔編、角川文庫、2013、327-329

_____「注文の多い料理店」『注文の多い料理店』角川文庫、2012、41-56

_____『「ビジタリアン大祭」』青空文庫、2014、PDF版

✔ 同一作家による複数の作品を引用するときの留意点

　MLA書式では、同一作家による複数の作品を挙げる文章においては、（　）の中に、著者名ではなく作品名を書きます。左の文章では、宮沢賢治の作品が三編登場します。「雨ニモマケズ」と「注文の多い料理店」と「ビジタリアン大祭」です。これらは、同じ宮沢賢治の作品なので、文中では、**太字 (A)**, **太字 (B)**, **太字 (C)** のように、それぞれ「(雨ニモマケズ、頁)」、「(注文の多い料理店、頁)」、「(ビジタリアン大祭)」と示します。

　他に、MLA書式で特に覚えておくとよい書き方は、次のようなものです。

▼ウェブサイト

編者名、著者名、またはコンパイラ名（利用可能な場合）。サイトの名前。バージョン番号、サイトに関連する機関／組織の名前（スポンサーまたは出版社）、リソース作成日（利用可能な場合）、URL、DOIまたはパーマリンク

例）Academic Writing Program. Waseda University. https://www.waseda.jp/inst/aw/en

▼論文

著者名、「論文タイトル」、『雑誌名』、巻数、号数（利用可能な場合）、出版年、はじめのページ - 終わりのページ

例）佐渡島紗織・太田裕子「文章チュータリングに携わる大学院生チューターの学びと成長：早稲田大学ライティング・センターでの事例」『国語科教育』75巻、2014、64-71

MLA書式で、主張を補強する記述を電子書籍から引用したいとき

課題：日本の高齢社会に見られる現象を一つ取り上げて論ぜよ。

引用なし

「終活」という言葉がよくメディアに出る。[(A)]「終活」という言葉が初めてメディアに現れたのは、2009年の『週刊朝日』のコラムであった。それから「終活」という言葉を耳にするのは異常なことではない。しかし、終活をする目的を勘違いする人は少なくないだろう。[(B)]実際は、終活は死のためではない。終活は今の人生のためである。要するに終活は今の人生をさらに良くするものなのである。

引用後

「終活」という言葉がよくメディアに出る。[(C)]尾上は、「終活」という言葉が初めてメディアに現れたのは、2009年の『週刊朝日』のコラムであったと指摘する（尾上、第1章）。それから「終活」という言葉を耳にするのは異常なことではない。しかし、終活をする目的を勘違いする人は少なくないだろう。実際は、終活は死のためではない。終活は今の人生のためである。[(D)]尾上は次のように終活の目的を論じる。「とにかく終活の最大の目的は、今をどう楽しく、生き生きと暮らすかを最初に考えることなんです。」（尾上、第1章）。要するに終活は今の人生をさらに良くするものなのである。

引用文献
尾上正幸『本当に役立つ「終活は」50問50答』キンドル版、翔泳社、2015年

❓ 引用がないと何が問題？

太字（A）では「『終活』という言葉が初めてメディアに現れたのは2009年」だという主張が書かれています。書き手はその主張をどこかで見たに違いありません。しかし、情報の出典がないため剽窃の恐れがあります。

また、**太字（B）**では、終活の目的を記しています。「終活は今の人生をさらに良くするものなのである。」という主張です。ただし、この主張は、証拠に支えられていないので書き手の想像かもしれません。そうなると、説得力が下がってしまいます。

❗ 主張を補強する記述を引用すると…

太字（C）では、尾上が「『終活』という言葉が初めてメディアに現れたのは2009年」として、先にこの言葉を使った著者に敬意を示しています。また、こうすることで剽窃の訴えを避けられます。

太字（D）では、尾上の記述を引用し書き手の主張「終活は今の人生をさらに良くするものなのである。」の説得力を上げています。尾上は終活の専門家ですから、その発言を引用することで、テーマについての書き手の知識の豊かさも示すことができました。

✔ 電子書籍を引用するときの留意点

キンドルでは、多くの本にページ数が書かれていません。その場合には、著者の名前と章や節を記します。注意しなければならないことは、キンドルの位置№は書かないことです。

例）（尾上、第1章）

文献リストを書く時は「キンドル版」と書かなければなりません。MLA書式では、次のようになります。

著者名、『書名』キンドル版、出版社、年

例）尾上正幸『本当に役立つ「終活は」50問50答』キンドル版、翔泳社、
2015年

課題：翻訳におけるローカライゼーションの意義を、事例を挙げて説明せよ。

翻訳におけるローカライゼーションの意義

　翻訳におけるローカライゼーションとは、その物事を、売ったり使用したりする相手（国や地域、言語）にとって言語学的・文化的にふさわしいものに置き換える行為を指す。翻訳責任者である企業や個人は、まず、できるだけもとの物事と近い言葉へと翻訳する。そのうえで、熟達した翻訳者の助けを借り、ぎこちない言い回しや時代遅れの言葉遣いを直して初訳を修正する。（Esselink）

　とりわけ、日本のアニメ作品で特定の場面の翻訳をする際には、キャラクター同士の会話だけでなく、かなり多くの文化的な要素が考慮される必要がある。

　英米文化・翻訳学の研究者であるアダチ（Adachi）は、宮崎駿監督の映画「となりのトトロ」の翻訳について、1993年の翻訳（Fox版）と2006年の翻訳（Disney版）を次のように比較する。作中、主人公の一人であるサツキが絵を描く場面がある。サツキは、自分の妹のメイを「かに」に例えて絵に描く。これは、さるとかにが争う『さるかに合戦』という日本の民話をもとにした絵である。1993年版の翻訳では、絵に描かれている「かに」については一切触れられておらず、メイの行動だけを描写している。しかし、この絵が何を意味するかは、おそらく日本人以外の視聴者には理解できないだろう。それから約20年後に出された2006年版の翻訳では、サツキとメイの会話の中で絵に描かれた「かに」についての台詞が加わり、「crabby」という語が登場している。「crabby」とは「御機嫌ななめ」の意味で、「crab（かに）」から発生した語である。つまり、2006年版の翻訳では、翻訳された相手の国や言語に合わせる工夫がなされているのである。すなわち、ローカライゼーションが強化されたといえる。

　二つ目の事例として挙げられるのは、2001年に公開された宮崎駿監督の映画「千と千尋の神隠し」における「はんこ」の扱いである。「千と千尋の神隠し」（英語圏では「Spirited Away」という題で知られている）の中で、主人公がはんこを押そうとする場面がある。この場面について、環境コミュニケーションの研究者であるハナダ（Hanada）は、次のように述べる。

　　　日本では、欧米でサインを求められるような状況でいつも「はんこ」を押すことが求められる。この「はんこ」は、イタリア語では「sigillo d'oro（golden seal）」と翻訳された。実際、「千と千尋の神隠し」の画面では、金色の小さな物が描かれている。翻訳された語に「金の」という形容詞を

　加えることで、海外（対象とする文化圏）の視聴者に、はんこが価値のあるもので、この作品世界で重要な役割をもっているものであると示唆することができるのである。（筆者訳）

　日本人以外の視聴者は、「はんこ」がどんなものであるかを理解することはできても、それが個人にとってどれくらい大切なものであるかという価値を理解することが難しいだろう。そこで、この映画の翻訳チームは、言葉自体を変えることをせず、「金の」という言葉を付け加えた。はんこは必ずしも金から作られているわけではないため、言葉の置き換えは完全に一致しているとはいえない。しかし、この翻訳によって「はんこ」がどのようなものであるかということは十分に伝わる。

　要するに、海外の視聴者に作品の内容を理解させ楽しんでもらうためには、相手の国や地域の視聴者に合わせた表現を工夫しなければならないのである。

　言葉をそのまま直訳することが翻訳の王道のように捉えられがちである。しかし、相手の文化をよく知らないまま、単に言葉を置き換えて翻訳することは、観ている人を混乱させるというリスクを伴う。つまり、翻訳におけるローカライゼーションの専門家は、非常に難しい役割を担っている。翻訳する側の文化や言語から、翻訳される側の文化や言語に関して、幅広い知識が求められる。

　ローカライゼーションは、より多くの海外視聴者に作品を理解してもらう素地を作ることになる、翻訳をもう一段階上に持っていく作業なのである。ただし、翻訳におけるローカライゼーションを行う過程では、元となる資料から離れすぎて本来伝えるべき内容からそれないように注意しなければならない。

引用文献

My Neighbor Totoro (Tonari no Totoro). Directed by Hayao Miyazaki, Studio Ghilbli (Released by Fox Video), 1993. DVD.

My Neighbor Totoro (Tonari no Totoro). Directed by Hayao Miyazaki, Studio Ghilbli (Released by Disney), 2006. DVD.

Spirited Away (Sen to Chihiro no Kamikakushi). Directed by Hayao Miyazaki, Studio Ghilbli (Released by Disney), 2003. DVD.

Adachi, Reito. *A Study of Japanese Animation as Translation: A Descriptive Analysis of Hayao Miyazaki and Other Anime Dubbed into English.* Universal-Publishers, 2012.

Esselink, Bert. *A Practical Guide to Localization.* Vol. 4. John Benjamins Publishing, 2000.

Hanada, Mariko. "The Cultural Transfer in Anime Translation." *Translation Journal*, vol. 13, no. 2, April 2009, http://translationjournal.net/journal/48anime.htm.

4 シカゴ書式（脚注方式）で、小説の一節を塊で引用して分析したいとき

課題：小説を一つ選び、その魅力を特定の観点から論ぜよ。

引用なし

　筆者は筒井康隆の小説を好んで読む。なぜなら、独特の文章表現が魅力的だからである。中でも好きな作品は、『七瀬ふたたび』である。**(A)思いもよらないアナロジーによって、読者を筒井作品の世界観に引っ張り込む。**生々しく描かれる表現はときに読者に薄気味悪さを与える。しかし、作品を読み進めていくうちに、そうした表現の一つひとつが作品の世界観をつくりだし、その世界観に没頭する自分自身に気付くのである。こうした筒井の文章表現の凄みは、他の小説家とは一線を画している。

引用後

　筆者は筒井康隆の小説を好んで読む。なぜなら、独特の文章表現が魅力的だからである。中でも好きな作品は『七瀬ふたたび』である。思いもよらないアナロジーによって、読者を筒井作品の世界観に引っ張り込む。**(B)例えば、次の一節は降下する飛行機に搭乗する主人公の心情を描いている。**

> **『ベルト着用』のサイン燈が点いた。ごとんごとんと鈍い音を立てて機がゆっくり降下しはじめた。七瀬は自分がまるで階段を鈍重に降りていく巨獣の胎内にいるような気がした。着陸寸前にはいつもそんな気がするのだ。**注1

筒井は飛行機を「巨獣」に見立て、機体が降下する際の七瀬の心情を「階段を鈍重に降りていく巨獣の胎内にいるような気が」すると表現している。ここから、主人公が降下する機内で抱く何とも言いようのない不安を読み取ることができる。こうした生々しく描かれる表現はときに読者に薄気味悪さを与える。しかし、作品を読み進めていくう

ちに、そうした表現の一つひとつが作品の世界観をつくりだし、その世界観に没頭する自分自身に気付くのである。こうした筒井の文章表現の凄みは、他の小説家とは一線を画している。

注1　筒井 191-192

文献表

筒井康隆『七瀬ふたたび』（新潮社、1978年）

❓ 引用がないと何が問題？

　太字（A）では、筒井作品の文章表現の魅力を述べています。しかし、抽象的な説明に留まっています。「思いもよらないアナロジー」とはどのようなものか、「薄気味悪さを与える表現」とはどのようなものかが伝わってきません。その結果、筒井作品の「独特の文章表現が魅力的」であるという主張自体の説得力が弱くなってしまいました。

❗ 小説の一節を塊で引用すると…

　太字（B）では、筒井作品の一節を引用しました。これから分析する小説の部分を読者と共有できました。そして、実際の文章をもとにするので、分析が具体的になりました、例えば、「思いもよらないアナロジー」や「薄気味悪さを与える表現」などの特徴がよりイメージしやすくなりました。また、語句や文を再度引用しながら説明をし、着目点が明確になりました。

✔ 塊で引用するときの留意点

　左の例のように、塊で引用することをブロック引用といいます。Blockとは、煉瓦のことです。煉瓦のように長方形の塊で引用します。そして、引用のすぐ後に、「注1」として、文章の終わりにある注を見るように読者を促しています。注には、作者の名字と引用ページを記します。引用ページに「p.」や「pp.」は付けません。

　文献リストでは、著者名、題、出版社、発行年の順で、文献のフル情報を記します。シカゴ書式では、文献リストに書く書誌情報の出版社と発行年を、一つの（　）で括ります。

5 シカゴ書式（脚注方式）で、入手できない文献を引用したいとき（孫引きする必要があるとき）

課題：明治期に、国民の教育を普及させるために行われた提案には、どのようなものがあったか。

引用後

　明治期の多くの知識人たちは、明治期日本を文明国として発展させるために国民教育の普及が必要だと考えた。教育普及のためには国民が読みやすい国字を定めるべきと説いた者の一人に、前島密（1835～1919）がいる。前島は平がなを国字とするよう提案し、段階的に新しい国字を導入するよう度々意見表明している。

　前島の提案のひとつ『国語改良事ノ要略及ヒ年次経過ノ効』注1には、段階表の左端に就学児童年齢が示され、次のように導入の過程が説明されている。

　　　第一期　準備時代　六歳童　就学ス
　　　第二期　必要書ノ書換時代　十三　已ニ漢字節減ノ利益ヲ見ルニ至ル
　　　第三期　新文ヲ正トシ旧文ヲ参照トスル時代　十八　旧文ノ煩雑ヲ厭フニ至ル
　　　第四期　慣熟時代　二十三　旧文ヲ知ル者甚タ少キニ至ル
　　　　　　　（前島密『国語改良事ノ要略及ヒ年次経過ノ効』より）

「六歳」から「二十三」歳まで、一人の就学児童の年齢と学びの経過に注目して説明している点は特筆すべきである。前島の、子どもに対するまなざしと国民教育への強い想いが見てとれる。

注1　作成年代未詳。貴重文献であるため直接確認が困難である。そのため、山本正秀『近代文体発生の史的研究』（岩波書店、1965年）96-97から引用した。（山本、1965年）96-97

文献表

山本正秀『近代文体発生の史的研究』岩波書店、1965年

❓ 文献が手に入らないときは？

　絶版になっている文献や、公開されていない資料を参照したい場合があります。左の例では、前島密の書いた文書は、古い貴重文献であるため公開されておらず、見ることができません。そこで、山本正秀の文献の中から前島について書かれている部分を引用しました。このように、誰かが誰かの文章を引用している部分をそのまま書き写して使うことを「孫引き」といいます。つまり、元の文献に直接当たらず、引用されているところを引用して使うことをいいます。（不適切な例として、第2章19節を参照）

❓ 孫引きする必要があるときとは？

　学術的な文章では、孫引きは、そうしなければならない理由がない限り、行いません。元の文献に直接当たっていない怠惰な文章と評されてしまいます。自分で元の文献を探し、そこから直接引用するようにしましょう。

　しかし、孫引きをしなければならない場合があります。次のような場合です。

（1）元の文献が古く、存在しないとき
（2）元の文献は存在するが、遠方などの事情で入手できないとき（左の例）
（3）誰かが誰かの文章やデータをどのように解釈しているかを見せたいとき

　このような場合には、孫引きが有効です。

　左の例では、前島の記述は、紙に手書きされており現在は郵政博物館が非公開で保管しています。貴重文献で気軽に閲覧することがかないません。

✔ 孫引きするときの留意点

　自分が引用した文章と、その文章がすでに引用している文章の、双方の出典が分かるように明記しなければなりません。例えば、古い資料は復刻版として全集の形で出版されることがあります。その場合は、全集と全集が取り上げている資料の双方を明記します。左の文章の場合、本文中には明治期の著者名と資料名を書き、注と文献表で復刻出版されている現在の本の著者名、題、出版社、発行年を示しています。

課題：絵画を鑑賞する教育について論ぜよ。

絵画の鑑賞とその指導
―個人の主体的な鑑賞体験を重視する―

　人は絵画をどのように鑑賞するか、またそれをどう指導するのがよいかという問いは 20 世紀後半より追究されてきた。注1

　絵画に関する情報は、美術館での掲示や画集に掲載されるが、作品の情報のみを知ることは、作品を自分の目で見て解釈しながら情報を得ることとは全く違う。ヤノウィンは、鑑賞者が美術鑑賞に何を求めるかを以下のように述べる。

> MoMa［ニューヨーク近代美術館］の鑑賞者が本当に必要としていたのは、（中略）「問い続けること」への容認だということがわかった。彼らは、自分自身でじっくりみて、熟考したかったのだ。彼らに必要だったのは、思いをめぐらせて自分なりの解決策をみつけだすための時間。すでに知っていることを足がかりにして、未知のことを考える後押し。つまり、学びの第一歩を踏み出す体験であった。やはり「答え」ではなく、自分で考えるという経験こそが重要だったのだ。注2

ヤノウィンは、鑑賞者は「自分なりの解決策をみつけだすための時間」、「未知のことを考える後押し」を求めているという。知識よりも体験が重要なのである。

　画家側も同じである。ゴンブリッチは、レオナルド・ダ・ヴィンチの態度を「大学の学者たちが、高名な古代の権威によりかかっていた時代に、絵描きのレオナルドは、自分の目で確かめるまでは、なにを読んでも鵜呑みにすることがけっしてなかった。」という。そして「問題にぶつかると、彼は権威に頼らず、実験によって解決しようとした。」と述べる。注3

　絵画の鑑賞が、このように個人の体験を通したものとして捉えられると、美術作品の価値は不確定だということになる。バーネットは、「当時その現場を見ていたまだ存命の人々でさえも、1950 年代に見た時とは違う目で、いまはそれらの作品を見るだろう。」注4 という。

　絵画の鑑賞は個人の体験を通して行われるべきものだという考えが広まると、美術鑑賞教育のあり方にも変化が生じた。上野は、日本で、美術鑑賞に関する学会発表が 10 年前は「60 件中 7 件くらいだった」ところ、2007 年には「発表分野が 5 つあってそのうちの 2 つが鑑賞教育にわりあてられて」いたという。注5

鑑賞の方法としては、例えば、石橋・王は、「現在の鑑賞教育では、初心者にも専門家のような鑑賞体験をさせることよりも、鑑賞者自らの主体的な鑑賞体験を重視する観点に転換しつつある。」注6と指摘する。また、上野や岡田は、ニューヨーク近代美術館が行ったように「対話による鑑賞」の有効性を研究している。注7

　このように、絵画の鑑賞は、作品に関する知識よりも実際に観るという体験が重視される。そのため、鑑賞教育においても、客観的な知識を与えるのではなく、個人の主体的な鑑賞体験を重視する傾向になってきた。

注1　上野行一「対話による意味生成的な美術鑑賞教育の開発」（豊田市美術館 2007）、上野行一『私の中の自由な美術』（光村図書 2011）、岡田匡史「対話型鑑賞、鑑賞能力（美的感受性）の発達、鑑賞批評メソードの研究」（2010）、バーネット，シルバン『美術を書く』（東京美術 2014）、フィリップ・ヤノウィン『どこからそう思う？　学力をのばす美術鑑賞』（淡交社 2015）、ヨセフ E．H．ゴンブリッチ『美術の物語』（ファイドン株式会社 2011）、石橋和宏・王文純「美術鑑賞学習におけるメタ認知の役割に関する一考察」『美術教育学美術科教育学会誌』31（2010）など
注2　ヤノウィン、15
注3　ゴンブリッチ、221
注4　バーネット、34
注5　上野行一「対話による意味生成的な美術鑑賞教育の開発」、21
注6　石橋・王、59
注7　上野行一『私の中の自由な美術』や岡田

文献表

石橋和宏・王文純「美術鑑賞学習におけるメタ認知の役割に関する一考察」『美術教育学美術科教育学会誌』31（2010）55-66
上野行一「対話による意味生成的な美術鑑賞教育の開発」豊田市美術館『観る人がいなければアートは存在しない！―対話による美術鑑賞の可能性について―』（2007）20-39
上野行一『私の中の自由な美術―鑑賞教育で育む力―』光村図書、2011
岡田匡史「対話型鑑賞、鑑賞能力（美的感受性）の発達、鑑賞批評メソードの研究―読解的鑑賞の準備の論察―」『美術教育学美術科教育学会誌』31（2010）139-150
バーネット，シルバン（Barnet, Sylvan）『美術を書く』（竹内順一、森山閑訳）東京美術、2014
ヤノウィン，フィリップ（Yenawine, Philip）『どこからそう思う？　学力をのばす美術鑑賞―ヴィジュアル・シンキング・ストラテジーズ』（京都造形芸術大学アート・コミュニケーション研究センター訳）淡交社、2015
ゴンブリッチ，E．H．ヨセフ（Gombrich, Ernst Hans Josef）『美術の物語―ポケット版』（天野衛、大西広、奥野皐、桐山宣雄、長谷川摂子、長谷川宏、林道郎、宮腰直人訳）ファイドン株式会社、2011

引用方法その

6 IEEE書式で、具体例を示す国際ガイドラインなどを引用したいとき

課題：現在、宇宙には大量にスペースデブリが存在する。スペースデブリを減らす方法を提案せよ。

引用なし

　宇宙には大量にスペースデブリが存在する．スペースデブリを減らすには，(A)**国際的な取り組みが必要である．同時に，各国のデブリの発生低減に向けた取り組みも重要である．**

引用後

　新たなデブリの発生抑止対策として，2002年に国際機関間スペースデブリ調整委員会（IADC）が発足した．また，2007年には国際連合（UN）によりスペースデブリ低減ガイドラインが制定された．(B)**これらにより，ミッション時やミッション後のデブリ発生の低減化の方針が示された．[1]，[2]**

　また，IADCだけでなく，アメリカ航空宇宙局（NASA）や宇宙研究開発機構（JAXA）など，世界各国の宇宙開発機関においてもデブリ発生低減のための規格化が行われている [3]. このように，スペースデブリを減らすには，国際的な取り組みだけでなく，各国の取り組みも重要である．

参考文献

[1] 国際機関間スペースデブリ調整委員会，IADC スペースデブリ低減ガイドライン（IADC-02-01），2002．

[2] United Nations, *Space Debris Mitigation Guidelines of the Committee on the Peaceful Uses of Outer Space*, United Nations Publications, 2010.

[3] 加藤明，スペースデブリ発生とその対策，第9回宇宙環境シンポジウム講演論文集，2012．

❓ 引用がないと何が問題？

　課題は「スペースデブリを減らす方法」をまとめるように指示しています。「引用なし」の**太字（A）**では、具体的な記述がありません。すなわち、スペースデブリ対策に関する最近の動向や最新の研究結果を書くことができていません。書き手は、このテーマについて知識や理解があるとは見なされないでしょう。

❗ 具体例を引用すると…

　「引用後」では、書き手は十分に調査を行いました。そして最近のスペースデブリ対策について、三つの異なる文献を用いながらその詳細を効果的に記述できています（**太字（B）**）。初めの二つの文献では、国際的な機関による取り組みについて紹介しています。さらに、三つ目の文献では、「アメリカ航空宇宙局（NASA）や宇宙研究開発機構（JAXA）」に言及し、各国の具体的な取り組み例を紹介しています。

✔ 具体例を引用するときの留意点

　IEEE では、参考文献リストはアルファベット順ではなく、文中に現れた順に並べます。文中引用では [1] のように [　] と数字を用いて引用箇所とその番号を示します。

　IEEE と他の書式で大きく異なるもう一つの点は、文章では句読点の代わりに、カンマ（ , ）、ピリオド（ . ）を用いる点です。

　この例では、書き手は発表要旨を参考文献として示しています。発表要旨はその時点では最新の研究成果となりますが、同内容が後に論文として発表される場合があることに注意しましょう。

7 IEEE 書式で、図を引用したいとき

課題：日本では、東日本大震災後に太陽光発電システムが加速的に普及した。普及した要因を示せ。

引用なし

　日本における太陽光発電は，日本政府が施策した太陽光発電の固定価格買い取り制度という要因によって加速的に広まった．(A)**もう一つは，2017 年より太陽光システムの発電電力の出力率の標準値を 95% とすることが義務付けられた**という要因である．

引用後

　日本における太陽光発電は，日本政府が施策した太陽光発電の固定価格買い取り制度という要因によって加速的に広まった．(B)**[1, 図 1]** もう一つは，2017 年より太陽光システムの発電電力の出力率の標準値を 95% とすることが義務付けられたという要因である．(C)**[2]**

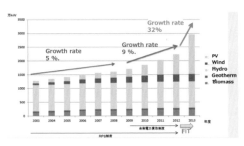

図1　Growth of Installation Capacity of Renewable Energy in Japan

参考文献

[1] S. Morozumi, T. Tsukamoto. *Grid Code Development in Japan*, in Conf. IRED2014 Tokyo, Japan, 2014. [Online]. Available: https://www.nedo.go.jp/english/ired2014/program/pdf/s2/s2_2_osami_tsukamoto.pdf.

[2] The Japan Electric Association, Grid-interconnection Code. [Online]. Available: http://www.denki.or.jp/wp-content/uploads/2017/03/JEAC9701 tuiho2016-1.pdf.

❓ 引用がないと何が問題？

　課題には答えているものの、それを説明する具体的な根拠が示されていません。また、二つ目の要因については、**太字（A）**で「発電電力の出力率の標準値を 95% とすることが義務付けられた」と書いてありますが、この情報がどこから得られたものなのか不明です。このような時事的な話題について論じる場合は、特に、実際の状況を説明する最新の情報を明らかにする必要があります。

❗ 図を引用すると…

　筆者が挙げている二つの要因について、**太字（B）**と**（C）**で、具体的な状況を説明する根拠を示しています。一つ目の要因については、政府の取り組みとその効果を示す図を文献から引用して掲載しました。二つ目の要因については、政府の取り組みを示す文献を挙げています。これら二つの文献によって、政府が太陽光発電システムの普及にどのような影響を与えているかが具体的に明らかにされました。

✔ 図を引用するときの留意点

　政府刊行物は、多くの分野に関わる内容を包括しているので、様々なテーマの論文やレポートで言及することができるでしょう。そこには、多くの統計が掲載されています。左の例では、筆者は、経済産業省のサイトを参考文献として使いました。

　IEEE では、「[1, 図 1]」、「[2]」のように、出典を半角ブラケット（[　]）で示します。そして、「図 1」は、筆者が自分で作成した図ではなく、示した参考文献の中に掲載されている図ですから、ブラケットの中に出典と併せて図の番号も示すのです。

8 IEEE 書式で、数式を引用したいとき

課題：先週行った実験の実験報告書を書きなさい。

　この実験では，Langmuir の公式 [1, 式 (8)] を用いる．Langmuir の公式は次式で定義される．

$$\theta_1 = \frac{\sigma_1\,\mu}{I + \sigma_1\,\mu} \qquad\qquad [1]$$

加えて，次の数式 [2] を使用する．

$$b = b\_0 \; e^{\frac{-\Delta H}{RT}} \qquad\qquad [2]$$

　Eqs. [1], [2] より，本実験の結果が Langmuir の等温曲線 …（続く）

参考文献

[1] I., Langmuir, "The Adsorption of Gases on Plane Surfaces of Glass, Mica and Platinum," *J. Amer. Chem. Soc., 40*(1918), 1361-1403.

[2] 小野嘉夫，八嶋建明，ゼオライトの科学と工学，講談社サイエンティフィク，2000.

！ 数式を引用すると…

　数式の引用は、自然科学分野の論文でよく見られます。数式は、数字や記号を用いて表現されますが、言葉で文章を記述するときと同様に、一定の書式に沿って示す必要があります。

　数式は自然科学論文において重要な要素であるため、いつ、どのように引用するかには注意が必要です。左の文章では、書き手は「Langmuir の公式 [1] を用いる.」と断った上で、Langmuir の論文から数式を引用しています。

✔ 数式を引用するときの留意点

　数式であることが読者に伝わるように書きます。IEEE の場合は、数式を字下げし、さらに前後に空行を作り本文と分離させて示します。そして、数式を示した行の右端には算用数字で引用番号を示し、参考文献リストの番号と対応させます。また、数式の表記は、分野の慣行に従いながら、できる限り原著の表記に近いかたちで示します。

課題：近年の宇宙開発について、目的を決めて論ぜよ。

スペースデブリ問題への対策

—宇宙機の防護・回避策とガイドラインの制定—

　宇宙開発に付随する課題としてスペースデブリを耳にする機会が増えた．本稿では，まずスペースデブリの説明を行った上で，これまでどのようにスペースデブリ対策が講じられてきたのかを述べる．

　スペースデブリとは，宇宙空間に存在する制御不能な人工物体の総称である．運用を終了した人工衛星や打ち上げ時に放出された使用済みのロケット上段などのメートル単位の大型のものから，軌道上での実験や爆発，デブリ同士の衝突などによって発生したマイクロメートル単位の微小なものまで様々である．低軌道上ではおよそ 10cm 以上，高度 36,000km の静止軌道周辺ならばおよそ 1m 以上のものが地上から追跡可能である．米航空宇宙防衛軍（NORAD）の宇宙監視ネットワークによって定期的に観測され，カタログ化されている（図 1）．10cm 以上のものは約 23,000 個，カタログ化できない 1〜10cm のものは 50〜70 万個以上，さらに 1mm〜1cm のものは 1 億個以上存在するとされている．低軌道上に存在する物体は秒速 7〜8km 程度の速さで地球周回軌道上を運動しており，衝突時の相対速度は秒速 10〜15km となる．そのため人工衛星や宇宙飛行士にデブリが衝突する場合，ごく微小なデブリであっても甚大な損傷を与えかねない．実際に起こった事例として，2009 年にアメリカの通信衛星 Iridium 33 と運用を終了していたロシアの軍事衛星 Cosmos 2251 が衝突している．このように，増加するスペースデブリが宇宙開発の大きな障害となっている．[1]

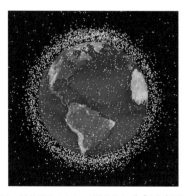

図 1　低軌道上のカタログ化されたデブリ分布図 [2]

　デブリによるこのような被害を防ぐため，現在の宇宙機は防護と回避の2つの手段を講じている．防護策の例として，国際宇宙ステーションには1cmのデブリまで防護可能なデブリバンパと呼ばれるシールドが設置されている．一般的な人工衛星においても防護材を有することは可能であるが，それによって生じる重量増加や設計変更は衛星設計時のコストを増大させる．その上，観測機器などの防護できないものもある．また回避策は，地上から観測できる約10cm以上のデブリについて講じることが可能であり，接近が予想される場合は回避マニューバを実施する．この回避マニューバは実際にISSや無人宇宙機で実施されているが，ミッションの中断や燃料消費が負担となる．また，数cm程度のデブリについては地上からの追跡ができない上に，防護対策も不可能であり，現状，対処の方法がない．[3]

　また，新たなデブリの発生抑止対策としては，2002年に国際機関間スペースデブリ調整委員会（IADC），2007年には国際連合（UN）によってスペースデブリ低減ガイドラインが制定された．これらによって，ミッション時の放出デブリの最小限化や，ミッション後のデブリ発生の低減化の方針がたてられた[4][5]．また，IADCだけでなく，アメリカ航空宇宙局（NASA）や宇宙研究開発機構（JAXA）など，世界各国の宇宙開発機関や国際標準化機構（ISO）においても，デブリ発生低減化の規格化が行われている[6]．

　以上，スペースデブリについて説明した上で，これまで講じられてきたスペースデブリ対策として宇宙機における防護策と回避策，さらに国家間，また国内におけるスペースデブリに関する新たなガイドライン制定の動きを述べた．

参考文献

[1]　日本航空宇宙工業会．スペースデブリ対策に関する調査報告書．2012．

[2]　The National Aeronautics and Space Administration. Space Debris and Human Spacecraft, 27-Sept-2013 [Online]. Available: https://www.nasa.gov/mission_pages/station/news/orbital_debris.html

[3]　United Nations. Technical Report on Space Debris: United Nations Publications, 1999.

[4]　国際機関間スペースデブリ調整委員会．IADC スペースデブリ低減ガイドライン．2002．IADC-02-01．

[5]　United Nations. Space Debris Mitigation Guidelines of the Committee on the Peaceful Uses of Outer Space: United Nations Publications, 2010.

[6]　加藤明．スペースデブリ発生とその対策．第9回「宇宙環境シンポジウム」講演論文集，2012．

APA 書式

参考文献

芥川龍之介(1978)『芥川龍之介全集　第10巻　書簡』岩波書店

阿久悠(1999)『歌謡曲って何だろう』NHK 人間講座7月-9月、日本放送出版協会

阿部藤子(2018)「授業と教師」阿部藤子・益地憲一編著『小学校国語科教育法』建帛社

石黒圭・柏野和佳子（2018）『小学生から身につけたい一生役だつ語彙力の育て方』
　　　KADOKAWA

一条真也(2014)『決定版　終活入門』実業之日本社

江戸川夏樹・田玉恵美(2016年11月2日)「ピコ太郎の『PPAP』全米で話題なぜ?」『朝日
　　　新聞』朝刊、東京本社版14版、29面

尾上正幸(2015)『本当に役立つ「終活は」50問50答』キンドル版、翔泳社

梶田叡一(1996)「日本における教育評価の位置と機能」の項、東洋・梅本堯夫・芝祐順・
　　　梶田叡一編『現代教育評価事典』金子書房、pp.470-472

川上愛・中村敏枝・河瀬諭・安田晶子・片平建史(2005)「音楽聴取時の感動と性格特性の
　　　関係について」日本認知心理学会第3回大会『日本認知心理学会発表論文集』1-10

川尻達也・佐藤進・鈴木貴士・山口真史(2015)「大学生の運動習慣がメンタルヘルスに与
　　　える影響」『KTT Progress』22、33-40

古賀稔章(2013)「未来の書物の歴史　第3回『自然という書物（前編）』」DOTPLACE
　　　http://dotplace.jp/archives/5642

国際オリンピック委員会「オリンピック価値教育の基礎(OVEP)」https://education.tokyo
　　　2020.org/jp/teach/texts/ovep/

斎藤喜博(1969)『教育学のすすめ』筑摩書房

櫻井武(2010)『睡眠の科学―なぜ眠るのかなぜ目覚めるのか―』講談社

佐渡島紗織・吉野亜矢子（2008）『これから研究を書くひとのためのガイドブック―』ひつ
　　　じ書房

終活カウンセラー協会「終活とは」https://www.shukatsu-fesuta.com/shuukatsu/index.html

終活に関する調査(2018年8月15日) https://insight.rakuten.co.jp/report/20180215/

生内雄基(2015)「流行歌歌詞と日本経済」『早稲田社会科学総合研究　別冊　2014年度学生
　　　論文集』113-122

鈴木隆雄(2012)『超高齢社会の基礎知識』講談社

鈴木孝夫[Kyoto-U OCW]. (2014年3月24日)「特別シンポジウム『グローバル人材と日本
　　　語』鈴木孝夫（慶應大学名誉教授)」［映像資料］. https://www.youtube.com/
　　　watch?v=ZYzdwMRbkjA

「袖振り合うも多生の縁」の項『故事ことわざ辞典』http://kotowaza-allguide.com/so/
　　　sodefuriaumo.html

高崎順子(2018)「なぜフランスは少子化を克服できたのか。その理由は、日本とは全く違う保育政策だった」https://www.huffingtonpost.jp/2018/06/20/paris-hoiku_a_23463375/

武谷美奈子（2018）「老人ホームと保育園が一体となるメリットとは何でしょうか？」https://kaigo.homes.co.jp/qa_article/96/

田中裕・小谷利子・本多佐知子(2011)「生活学科学生の多元的知能の分布と成績」『神戸山手短期大学紀要』54、9-17

田村和紀夫・鳴海史生(1998)『音楽史17の視座　古代ギリシャから小室哲哉まで』音楽之友社

独立行政法人日本芸術文化振興会「歌舞伎の表現」『歌舞伎への誘い―歌舞伎鑑賞の手引き―』[映像資料] http://www2.ntj.jac.go.jp/unesco/kabuki/jp/4/4_04_04.html

日本政府観光局(2019)「国籍／月別訪日外客数(2003-2019)」https://www.jnto.go.jp/jpn/statistics/since2003_visitor_arrivals.pdf

野坂昭如(原作)、高畑勲(監督)(1988年4月16日)『火垂るの墓』[映像資料]スタジオジブリ

野村総合研究所（2015）「日本の労働人口の49％が人工知能やロボット等で代替可能に―601種の職業ごとに、コンピューター技術による代替確率を試算―」https://www.nri.com/jp/news/2015/151202_1.aspx

藤本知佐子(2001)「音楽と感動―感動に迫るための理論の整理―」早稲田大学史学会『史観』141-143

ボール・フィリップ（Ball, Philip）（2011）『音楽の科学―音楽の何に魅せられるのか？―』夏目大訳、河出書房新社

森数馬・中村敏枝・安田晶子・正田悠(2008)「演奏音の印象に及ぼす歌詞の影響について―演奏音と歌詞の相乗作用―」『日本心理学会第71回大会発表要旨集』1005

森数馬(2010)「日常の音楽聴取における歌詞の役割についての研究」大阪大学大学院人間科学研究科編『対人社会心理学研究』10, 131-137

山崎昌(2017)「ポピュラー音楽の歌詞における意味内容の変化―音韻論とメディア論の観点から」『人間学研究』17, 1-12

渡辺正(2012)『「地球温暖化」神話―終わりの始まり―』丸善出版

American Center Japan「米国の歴史と民主主義の基本文書」https://americancenterjapan.com/aboutusa/translations/2547/#jplist

Beestrum M. (2007, October). *Information Literacy as a Collaborative Tool.* Presentation at ILA Annual Conference, Springfield, IL.

Beestrum M., Orenic K. (2008, May). *Wiki-ing Your Way into Collaborative Learning.* Presentation at LOEX Annual National Conference, Oak Brook, IL.

Brasor, P. (2018, May 5). Japan is struggling to deal with the foreign tourism boom. Retrieved from https://www.japantimes.co.jp/news/2018/05/05/national/media-national/japan-struggling-deal-foreign-tourism-boom/#.W_4-Qi2B1

Google Scholar ホームページ https://scholar.google.co.jp

Kahneman, D. & Tversky, A. (1979). Prospect theory: An analysis of decision under risk. *Econometrica, 47* (2), 263-291.

Learn about Evaluating Sources: Introduction from the CCCOnline Library https://ccconline.libguides.com/

Library Guide for Waseda University Student Research https://guides.library.pdx.edu/waseda

North, S. M. (1984). The idea of a writing center. *College English 46* (5), 433-446.

Patrick, J., Pious, R., & Ritchie, D. (1993). (Ed.), *The Oxford Guide to the United States Government.*: New York, NY: Oxford University Press.

Pfaffenbach, K. (写真家). (2016 年 8 月 16 日). *Nikki Hamblin (NZL) of New Zealand stops running during the race to help fellow competitor Abbey D'Agostino (USA) of USA* [画像データ]. https://www.abc.net.au/news/2016-08-17/

ポイント

◆中央寄せで「参考文献」と書きます。英語の「References」を訳したものです。

◆2行目以降を3文字程度右に下げ、文献と文献の間には空行を入れません。

◆どの文献も、意味で改行せず、右端まで書きます。URL は、右クリックで「ハイパーリンクを外す」と、途中で改行することができるようになります。

◆同一著書が単著で文献を複数出しているときには、刊行順に古いものから並べます。

◆同一著者が、一年間に複数の文献を刊行している場合は、刊行年に小文字の a、b をつけて、(2019a)、(2019b) とします。本文中でその文献に言及するところにも同じように書きます。

◆同一著者が複数の人と一緒に出した文献が複数ある場合は、二番目の著者の五十音順で並べます。

◆URL の閲覧日は、APA 書式の第7版からは書きません。

◆副題は、日本語では、ダッシュ (―) で囲むか、主題との間だけに入れるかします。自分の論文の中では、どちらかに統一します。

◆論文雑誌の中でその論文が掲載されているページは、「pp.」をつけず、「16-27」と書きます。

◆「○○新書」と奥付に出ていても、出版社だけを書きます。例えば、「岩波新書」であっても、出版社は「岩波書店」となります。

◆自分が読んだ言語の表記でその文献を参考文献リストに掲載します。英語で書かれている文献を読んだ場合は英語表記する、日本語で書かれている文献を読んだ場合は日本語表記する、ということになります。

◆日本語文献と英語文献とを分けてリストしてありますが、どちらかが非常に少ない場合は、分けずに他の中に組み込んでも構いません。その場合は、英語の読みで五十音順に、日本語のアルファベット表記でアルファベット順の中に組み込みます。

◆英語文献で、著者は「,」の手前が姓を表します。姓名の名はイニシャルだけを書きます。

◆副題は、英語では、コロン (：) で主題と区切ります。

MLA 書式

参照文献

尾上正幸『本当に役立つ「終活は」50 問 50 答』キンドル版、翔泳社、2015 年

ゴーギャン，ポール「説教のあとの幻影」［絵画］1888　スコットランド王立美術館、エジ
　　ンバラ

佐渡島紗織・太田裕子「文章チュータリングに携わる大学院生チューターの学びと成長：
　　早稲田大学ライティング・センターでの事例」『国語科教育』75 巻、2014、64-71

My Neighbor Totoro (Tonari no Totoro). Directed by Hayao Miyazaki, Studio Ghilbli
　　(Released by Fox Video), 1993. DVD.

My Neighbor Totoro (Tonari no Totoro). Directed by Hayao Miyazaki, Studio Ghilbli
　　(Released by Disney), 2006. DVD.

Spirited Away (Sen to Chihiro no Kamikakushi). Directed by Hayao Miyazaki, Studio
　　Ghilbli (Released by Disney), 2003. DVD.

宮沢賢治「雨ニモマケズ」『新編宮沢賢治詩集』中村稔編、角川文庫、2013、327-329

＿＿＿「注文の多い料理店」『注文の多い料理店』角川文庫、2012、41-56

＿＿＿『「ビジタリアン大祭」』青空文庫、2014、PDF 版

Academic Writing Program. Waseda University. https://www. waseda.jp/inst/aw/en

Adachi, Reito. A study of Japanese animation as translation: *A Descriptive Analysis of
　　Hayao Miyazaki and Other Anime Dubbed into English*. Universal-Publishers,
　　2012

Esselink, Bert. *A Practical Guide to Localization*. Vol. 4. John Benjamins Publishing,
　　2000.

Hanada, Mariko. "The Cultural Transfer in Anime Translation." *Translation Journal*,
　　vol. 13, no. 2, April 2009, http://translationjournal.net/journal/48anime.htm.

ポイント

◆中央寄せで「参照文献」と書きます。「参考文献」でもよいでしょう。英語の「Works
　Cited」を訳したものです。

◆同一の著者が複数の文献を出しているときには、2番目以降の著者をダッシュ2本で示
　します。

◆英語論文の題は" "で括ります。

◆ MLA 書式の第8版から URL の閲覧日を書きません。

シカゴ書式

文献表

石橋和宏・王文純「美術鑑賞学習におけるメタ認知の役割に関する一考察」『美術教育学美術科教育学会誌』31 (2010) 55-66

上野行一「対話による意味生成的な美術鑑賞教育の開発」豊田市美術館『観る人がいなければアートは存在しない！―対話による美術鑑賞の可能性について―』(2007) 20-39

上野行一『私の中の自由な美術―鑑賞教育で育む力―』光村図書、2011

岡田匡史「対話型鑑賞、鑑賞能力（美的感受性）の発達、鑑賞批評メソードの研究―読解的鑑賞の準備的論察」『美術教育学美術科教育学会誌』31 (2010) 139-150

ゴンブリッチ，E．H．ヨセフ(Gombrich, Ernst Hans Josef)『美術の物語―ポケット版』（天野衛、大西広、奥野皐、桐山宣雄、長谷川摂子、長谷川宏、林道郎、宮腰直人訳)ファイドン株式会社、2011

筒井康隆『七瀬ふたたび』(新潮社、1978 年)

バーネット，シルバン（Barnet, Sylvan)『美術を書く』（竹内順一、森山閑訳）東京美術、2014

ヤノウィン，フィリップ（Yenawine, Philip)『どこからそう思う？　学力をのばす美術鑑賞―ヴィジュアル・シンキング・ストラテジーズ』（京都造形芸術大学アート・コミュニケーション研究センター訳)淡交社、2015

山本正秀『近代文体発生の史的研究』(岩波書店、1965 年)

ポイント
◆中央寄せで「文献表」と書きます。英語の「Bibliography」を訳したものです。
◆出版年を後ろの方に書きます。
◆本の場合、シカゴ脚注方式では、注の中では (光村図書、2011) のように出版社と年を（　）で括ります。文献表では括りません。
◆英語表記の著者は、姓名ともに書きます。

IEEE 書式

参考文献

[1] 国際機関間スペースデブリ調整委員会，IADC スペースデブリ低減ガイドライン．2002. IADC-02-01.

[2] United Nations, *Space Debris Mitigation Guidelines of the Committee on the Peaceful Uses of Outer Space:*, United Nations Publications, 2010.

[3] 加藤明，スペースデブリ発生とその対策，第 9 回「宇宙環境シンポジウム」講演論文集，2012.

[4] S. Morozumi, T. Tsukamoto, "Grid Code Development in Japan," in Conf. IRED2014 Tokyo, Japan, 2014. [Online]. Available: https://www.nedo.go.jp/english/ired2014/program/pdf/s2/s2_2_osami_tsukamoto.pdf.

[5] The Japan Electric Association, Grid-interconnection Code. [Online]. Available: http://www.denki.or.jp/wp-content/uploads/2017/03/JEAC9701tuiho2016-1.pdf.

[6] I., Langmuir, "The Adsorption of Gases on Plane Surfaces of Glass, Mica and Platinum," *J. Amer.Chem. Soc., 40*(1918), 1361-1403.

[7] 小野嘉夫，八嶋建明，ゼオライトの科学と工学，講談社サイエンティフィク，2000.

[8] 日本航空宇宙工業会，スペースデブリ対策に関する調査報告書，2012.

[9] The National Aeronautics and Space Administration, Space Debris and Human Spacecraft, 27-Sept-2013 [Online]. Available: https://www.nasa.gov/mission_pages/station/news/orbital_debris.html

[10] *United Nations. Technical Report on Space Debris*, United Nations Publications, 1999.

ポイント

◆左寄せで「参考文献」と書きます。英語の「References」を訳したものです。

◆本文で登場した順にリストします。

◆それぞれの文献に番号を振ります。番号は半角の括弧 [　] で括ります。

◆半角「,」と半角「.」で表記します。

◆名前は、S. Morozumi のように、名姓の順で出します。

◆英語の場合、本と論文雑誌の題は斜体にします。

◆英語の場合、論文の題は斜体にせず" "で括ります。

◆英語の場合、論文雑誌の題は省略されることが多いです。

◆著者紹介

佐渡島紗織（さどしま　さおり）
早稲田大学国際学術院教授。2009 年より早稲田大学アカデミック・ライティング教育部門長。
専門は、国語教育、特に文章作成の指導と評価。

オリベイラ，ディエゴ（Oliveira, Diego）
日本大学国際関係学部助教。早稲田大学アカデミック・ライティング教育部門で 2016 年から
2020 年まで文章作成指導に従事。専門は、文章作成教育、英語教育。

嶼田大海（しまだ　ひろみ）
青山学院大学アカデミックライティングセンター助教。早稲田大学アカデミック・ライティン
グ教育部門で 2014 年から 2020 年まで文章作成指導に従事。専門は、文章作成教育。

デルグレゴ，ニコラス（Delgrego, Nicholas）
都留文科大学語学教育センター准教授。早稲田大学アカデミック・ライティング教育部門で
2010 年から 2012 年まで文章作成指導に従事。専門は、文章作成教育、英語教育。

レポート・論文をさらによくする「引用」ガイド

© S. Sadoshima, D. Oliveira, H. Shimada, N. Delgrego, 2020　　NDC 816/viii, 95p/21cm

初版第 1 刷────2020年 6 月 20 日
　　第 3 刷────2022年 9 月 1 日

著　者────佐渡島紗織・オリベイラ，ディエゴ・嶼田大海・
　　　　　　デルグレゴ，ニコラス
発行者────鈴木一行
発行所────株式会社 大修館書店
　　　　　　〒 113-8541　東京都文京区湯島 2-1-1
　　　　　　電話　03-3868-2651 販売部／03-3868-2291 編集部
　　　　　　振替　00190-7-40504
　　　　　　[出版情報] https://www.taishukan.co.jp

装丁者────内藤惠子
印刷所────壮光舎印刷
製本所────難波製本

ISBN978-4-469-22271-5　　　　　　　　　　　　Printed in Japan
Ⓡ本書のコピー，スキャン，デジタル化等の無断複製は著作権法上での例外を除き禁じられています。本書を代行業者等の第三者に依頼してスキャンやデジタル化することは，たとえ個人や家庭内での利用であっても著作権法上認められておりません。